O pequeno laboratório de **Deus**

O pequeno laboratório de Deus

*

HERMÍNIO C. MIRANDA

G. W. Carver, o filho de escravos
que se tornou um dos mais importantes cientistas do mundo.

Lachâtre

© 2006 Hermínio C.

Instituto Lachâtre
Caixa Postal 164 – Cep 12914-970
Bragança Paulista – SP
Telefone: 11 4063-5354
Site: www.lachatre.org.br
E-mail: editora@lachatre.org.br

PRODUÇÃO GRÁFICA DA CAPA E DO MIOLO
ANDREI POLESSI

4ª edição
Maio de 2018
15.001 ao 25.000 exemplares

Impresso na Assahi Gráfica Editora Ltda.

A reprodução parcial ou total desta obra, por qualquer meio,
somente será permitida com a autorização por escrito da Editora.
(Lei nº 9.610 de 19.02.1998)

CIP-Brasil. Catalogação na fonte

Hermínio C. Miranda, 1920-
O pequeno laboratório de Deus / Hermínio C. Miranda – 4ª ed. –
Bragança Paulista, SP : Instituto Lachatre, 2018.

312 p.

1.Biografia 2.Negritude. 3.Química I. Título

CDD 920.9	CDU 92 (G. W. Carver)
704.948.996	7.046.3

Impresso no Brasil
Presita en Brazilo

Sumário

Introdução | *xix*

Iniciação | Infância e adolescência | *15*

Formação | Juventude e mocidade | *81*

Ascensão | meia-idade | *123*

Caderno de imagens | *193*

Consagração | maturidade e velhice | *211*

Conclusão | o sol se põe (para renascer amanhã) | *301*

Introdução

EM 21 DE JANEIRO de 1921, reuniu-se em Washington, capital dos Estados Unidos, uma comissão de deputados federais para estudar um assunto aparentemente irrelevante, mas com sérias implicações de natureza econômica. Era o seguinte: deveriam os americanos plantar amendoim ou deveriam continuar a importá-lo de outros países? É que o amendoim tornara-se um produto comercialmente importante e grande quantidade de dinheiro estava sendo gasta com a sua importação. Foi para ajudar a resolver essa questão que os deputados convidaram um homem chamado George Washington Carver, professor do Instituto de Tuskegee, estado do Alabama.

Quando o professor Carver começou a falar, o presidente da comissão avisou que ele só dispunha de dez minutos. Estavam todos cansados, pois já haviam discutido durante o dia outros problemas e agora não haveria tempo suficiente para longas explicações.

Acontece que o professor era um homem diferente dos outros. Sua pele, naturalmente, não era branca, pois ele nasceu negro e escravo e foi criado órfão, na mais assustadora pobreza. Mas não era só isso, o professor Carver era dotado de uma inteligência fora do comum, a bondade estava escrita no seu rosto e refletia-se nas suas palavras. Logo que ele começou a falar, os deputados esqueceram-se do cansaço e de seus preconceitos. Em vez dos dez minutos prescritos pelo presidente da comissão, ele falou uma hora e quarenta e cinco minutos, mostrando algumas das coisas que havia feito com o amendoim em seu laboratório. Parecia um mágico, a retirar de sua maleta toda sorte de subprodutos, como leite, manteiga, óleos, farinhas, corantes, café, cremes, tudo quanto se possa imaginar. Na verdade, no correr do tempo, ele conseguiria obter cerca de trezentos produtos diferentes a partir das sementes do amendoim.

Quando o professor Carver terminou, afinal, sua exposição, os deputados estavam perplexos, como se esmagados pela admiração. Como é que um simples negro podia saber tanta coisa? Não se dizia que o negro pertencia a uma raça inferior?

– Mister Carver – perguntou um deputado, curioso –, qual a faculdade que o senhor frequentou?

– O Colégio Estadual de Iowa – respondeu. Sr. Wilson, o Ministro da Agricultura, foi meu professor durante cinco anos.

– O senhor acaba de prestar a esta Comissão um grande serviço – proclamou outro deputado.

– Acho – acrescentou o deputado Garner – que ele merece os agradecimentos da Comissão.

Assim dizendo, levantou-se e começou a bater palmas. Todos os demais membros também se levantaram para aplaudir o professor Carver que, muito confuso e modestamente, agradeceu, enquanto os deputados, de pé, continuavam a bater palmas.

*

EIS POR QUE, se você começar a ler uma biografia de George Washington Carver e resolver ir ao fim para ver como é que termina a sua história, você vai pensar que há alguma coisa errada com o livro. É que as primeiras páginas falam de um menino que nem sobrenome tinha e que, com um ano de idade, foi resgatado da morte certa pelo preço de um cavalo, ao passo que as páginas finais contam a história de um gênio da ciência, uma gigantesca figura humana, digna de figurar, como aconteceu, na galeria dos grandes vultos da cultura americana. Estariam os biógrafos falando da mesma pessoa? Estão.

Este livro pretende ser singela homenagem ao eminente cientista, mas também, e principalmente, o testemunho de uma grande e emocionada admiração pelo extraordinário ser humano que ele foi e pelo que seu exemplo pode significar para todos aqueles que se decidirem a enfrentar corajosamente as dificuldades que a vida parece criar às nossas mais nobres aspirações.

Não tive a alegria e o privilégio de conhecer o doutor Carver. No dia 5 de janeiro de 1943, eu completava vinte e três anos de idade, em Volta Redonda, RJ, onde nascera e trabalhava. Casara-me há poucos meses, minha primeira filha estava a caminho, e eu nem fiquei sabendo que naquele mesmo dia morrera George Washington Carver, aos setenta e nove anos, no seu querido Instituto de Tuskegee. Mas sonho com o dia em que nossos caminhos possam tocar-se em alguma esquina cósmica. Tenho certeza de que estarei, nesse momento mágico, perante um ser iluminado que se realizou pela fé em Deus e nos destinos da humanidade, através da bondade, da arte, do amor ao trabalho e da genialidade, na mais pura das suas manifestações, porque desprovida de vaidades e arrogâncias.

Iniciação
Infância e adolescência

1

PARA SE ENTENDER MELHOR a história de George Washington Carver, precisamos recuar um pouco no tempo, a fim de dar uma espiada na história dos Estados Unidos, país onde ele nasceu.

Como a gente sabe do que andou estudando na escola, os Estados Unidos se tornaram independentes da Inglaterra em 1776. Durante os dez anos seguintes, cada estado seguiu seus próprios caminhos, dentro de uma comunidade de interesses em que eram frouxos os vínculos políticos. Foi a partir de 1787 que os primeiros estados decidiram unir-se em torno de um governo central, embora conservando, cada um deles, certo grau de autonomia.

Três deles – Delaware, New Jersey e Pennsylvania –, ainda em dezembro de 1787, e outros dez, no ano seguinte, 1788: Connecticut, Georgia, Maryland, Massachusetts, New

Hampshire, New York, as duas Carolinas (do Norte e do Sul), mais a Virginia. O último dos estados considerados fundadores foi o de Rhode Island, em 1790. Pouco a pouco, outros foram aderindo, à medida que a Constituição Federal de 1777 era ratificada pelo governo dos estados participantes. O da Louisiana, por exemplo, foi admitido na União em 30 de abril de 1812.

A América do Norte foi colonizada pela Inglaterra, mais ao norte, e pela França e a Espanha, ao sul, embora a França tenha deixado sua presença bem marcada no Canadá, no extremo norte. Foi daí, aliás, que saiu, em 1682, um nobre francês por nome René Robert Cavalier, *sieur de La Salle*, que tomou posse da vasta região localizada abaixo do rio Mississipi, em nome do rei Luís XIV, de França. Daí o nome Louisiana. Como os espanhóis também tinham interesses comerciais por ali, os atritos e as rivalidades tornaram-se inevitáveis. Além disso, a colonização de territórios bravios exige muito trabalho e muito dinheiro e os franceses acabaram concluindo que não valia a pena o esforço. Em 1762, num tratado secreto, transferiram a posse da Louisiana para a Espanha.

A Enciclopédia Britânica[1] informa que, em 1789, os Estados Unidos tinham uma população de quatro milhões de habitantes, 500 mil dos quais eram escravos de origem africana. Embora o regime escravocrata fosse generalizado nas

---

[1] Edição de 1963, volume 22, p. 756.

colônias, a prática era muito mais intensa nos estados do sul, que acabaram por tornar-se dependentes da força do trabalho escravo, principalmente nas imensas e rendosas plantações de algodão. Nos estados do norte, a tendência foi a de abolir ou não permitir a escravatura. Vermont, por exemplo, nunca a admitiu. No estado de Massachusetts, uma decisão sumária do judiciário declarou a ilegalidade do sistema, ao considerá-lo incompatível com a recém-aprovada constituição estadual. Outros estados optaram por uma extinção gradual da escravidão. Era bastante forte a pressão da opinião pública nesse sentido. Mesmo no Sul, onde poderosos interesses econômicos preferiam manter o sistema, não faltaram vozes autorizadas e ativas lideranças em movimentos libertários. Os dirigentes políticos do sul saíam, necessariamente, das classes dominantes, cujos interesses estavam solidamente ancorados nas estruturas escravocratas das quais dependia a economia da região.

Em 1800, Napoleão exigiu da Espanha a devolução da Louisiana à França. A essa altura, porém, os Estados Unidos, como emergente potência mundial, tinham também seus interesses no sul e precisavam manter o rio Mississipi como via de livre acesso à região e, por isso, não via com bons olhos as manobras políticas do imperador dos franceses na América. Preocupado, por sua vez, com uma possível ocupação da Louisiana pelos ingleses, Napoleão preferiu vendê-la aos americanos. O preço foi fixado em 11 milhões e 250 mil dólares, mais 3 milhões e 750 mil para cobrir indenização aos colonos franceses ali estabelecidos, ou seja, um total de 15 milhões de dólares. Com juros e outras despesas, o valor total da operação ficou em pouco mais de 27 milhões de dólares, uma pechincha histórica, em todos os sentidos. Em 20 de dezembro de 1803, o governo americano tomou posse oficialmente do território, que praticamente dobrava o tamanho do país, além de trazer no bojo o bônus adicional do controle das principais bacias fluviais do continente. Daí a importância da descoberta, por Robert Fulton, da propulsão a vapor, em 1807. Os rios navegáveis passaram a constituir sistema vital de circulação de gente e de riquezas, com as barcaças movidas pela nova modalidade de energia.

Ao adquirir a Louisiana, os americanos já encontram a escravatura solidamente implantada e até protegida pela legislação vigente. Como o Congresso não tomou nenhuma atitude a respeito, ficou entendido que permanecia tudo como dantes e o sistema continuou a expandir-se. Em 1812, o novo estado de Missouri, também recortado ao território da antiga Louisiana, submeteu sua constituição ao Congresso, com o pedido de admissão à União. O texto legal do Estado, no entanto, ratificava o regime escravocrata, o que suscitou veemente debate político. Posta em votação, os representantes do sul votaram maciçamente pela aprovação da constituição estadual tal como estava e ganharam com a ajuda de uns poucos representantes do norte. Quanto à admissão do novo estado, o Senado a aprovou e a Câmara de Deputados a rejeitou. Durante dois anos a decisão ficou pendente, mas a admissão do estado do Maine, ao norte, restabeleceu o desejável equilíbrio e Missouri acabou sendo aceito, com escravatura e tudo. Isto significava que a escravatura continuava legal no estado, mas os abolicionistas aproveitaram a oportunidade para passar uma lei que proibia a escravidão em todo o território restante da Louisiana acima dos limites sulinos do novo estado do Missouri. Como nada se dizia dos que ficassem abaixo dessa linha – latitude 36 graus e 30 minutos – qualquer estado subsequentemente formado poderia, se assim o desejasse, ser escravocrata, o que, aliás, aconteceu em 1836 com o Arkansas.

Dessa maneira, embora longe de resolvido, o problema da escravatura aquietara-se num certo compromisso tácito segundo o qual o Sul continuava apoiado no trabalho escravo, enquanto o Norte priorizava o trabalhador livre. Isso contribuiu, decisivamente, para que as duas metades do país se tornassem "tão divergentes – no dizer da Britânica, – que era impossível para o governo central fazer leis satisfatórias a ambos". Mais que isso, contudo, norte e sul desenvolviam-se desigualmente, a ponto de se tornarem "praticamente dois países diferentes", aí por volta de 1850, uma vez que a região sul não estava participando do extraordinário surto de progresso que se estabelecera ao norte.

Estava armado o clima para a Guerra da Secessão, quando os estados sulistas entenderam que seria melhor separar-se de uma vez, dividindo o país em dois.[2]

Caberia ao presidente Abraham Lincoln administrar as dificuldades daquele conturbado momento histórico. A campanha começou em abril de 1861 e iria até 9 de abril de 1865, quando o general (sulista) Robert E. Lee rendeu-se ao general (nortista) U. S. Grant. Lincoln, recentemente reeleito, foi assassinado seis dias depois, em 15 de abril. O país estava seriamente endividado, a economia sulista desmantelada e eram dramáticas as sequelas, que se traduziriam em rancores, rivalidades e desentendimentos entre as facções rivais.

Legalmente, porém, a escravatura estava abolida em todo o território nacional. A nova lei não impunha sacrifícios relevantes à economia do norte, mas seu impacto no sul foi considerável. Tecnicamente livres, os negros não sabiam o que fazer dessa liberdade e vagavam, ainda perplexos, sem rumo, sem lideranças e sem ter o que comer, pela região devastada e sujeita a distúrbios, assaltos e desordens.

---

[2] Em 1988, durante a permanência de algumas semanas na Carolina do Norte, fui convidado para fazer uma palestra em Winston Salem. Escolhi abordar precisamente o tema da guerra da secessão, tentando explicar ao auditório americano (Vejam só que petulância!) por que razão os Estados Unidos não se tornaram os "Estados Desunidos". Isso aconteceu, a meu ver, porque o Presidente Lincoln resolveu aceitar o desafio do espírito de Daniel Webster, manifestado em plena Casa Branca, através da jovem médium Nettie Colburn Maynard. Webster propunha ao Presidente que fosse pessoalmente ao sul do país, sem pompa e sem um séquito de generais, ministros e assessores para conversar pessoalmente

*

Esse foi o ambiente histórico, geográfico, social e econômico em que George Washington Carver nasceu, no estado (escravocrata) de Missouri, aí por volta de 1864.

com os soldados, sentir-lhes a dores e desconfortos físicos e morais. A guerra encontrava-se num impasse e os soldados sem motivação por não verem sentido naquela história trágica de americanos matando americanos. Que fosse apenas com sua família, mulher e filho – dissera-lhe Webster. Lincoln, que se sentia tão desconfortável quanto os soldados, foi ver a guerra de perto, pois ele queria conservar unidos os "estados desunidos". Manteve-se a união, aboliu-se a escravidão e o grande presidente foi assassinado, dias depois de iniciar o segundo período de governo, para o qual fora reeleito.

2

Foi no auge do tumulto político, econômico e social no Sul que nasceu George. Nas cidades maiores, nas capitais dos estados e, principalmente, em Washington, capital do país, a batalha era verbal entre gente que concordava ou discordava do regime escravocrata, ou sobre a maneira pela qual deveriam ser tratados os estados derrotados e os negros. Edwin Stanton, por exemplo, secretário (ministro) da guerra do governo Lincoln, era de opinião que os estados do Sul fossem reincorporados à União, mas tratados como inimigos derrotados, com todas as consequências que isto pudesse acarretar. Lincoln pensava de maneira diversa. Para ele os sulistas eram americanos como todos os demais, a guerra tinha de ser considerada episódio encerrado, deveriam se confraternizar recebendo de volta os compatriotas sulistas. Era necessário empenharem-se todos na cicatrização das feridas que a luta abrira nos corpos de muitos e na própria alma da nação, além da perda irreparável com os mortos, a fim de que fosse possível começar logo a reconstrução da combalida economia nacional como um todo.

O Sul encontrava-se em estado calamitoso. A guerra fora disputada nos seus campos, fazendas e cidades. Quebrara-se o princípio da autoridade e a região ficou como que sem lei e em desordem, com a agravante de que muitos homens estavam armados e passaram quase cinco anos matando e expondo-se à morte. Eram frequentes os distúrbios. As fazendas e as pequenas comunidades eram invadidas e assaltadas por grupos de aventureiros armados que matavam, torturavam e roubavam o que podiam, após destruir o que não podiam levar.

Numa pequena fazenda no estado do Missouri, viviam então, Moses e Susan Carver. Moses Carver era um homem bom. Não admitia que ninguém maltratasse um animal. Ser humano, então, nem pensar. Era contrário, por princípio, à ideia da escravidão, mas o serviço da fazendola era demais para ele e sua mulher e, por isso, resolveu comprar uma escrava para ajudar nas pesadas tarefas do dia-a-dia. Talvez tenha pensado consigo mesmo que a negra estaria melhor na companhia deles, onde seria bem tratada, do que nas mãos de algum fazendeiro que a fizesse trabalhar sem parar à força de castigos, como era de praxe e de direito. Como se sabe, o dono do escravo tinha a cobertura da lei para fazer da pobre criatura o que bem entendesse.

A escrava chamava-se Mary, tinha apenas treze anos de idade e foi adquirida dos Grant, donos de uma fazenda vizinha. Parece que ela e outro escravo por nome Jim já haviam começado lá um namoro, mas quem estaria se importando de separar namorados, filhos, pais, irmãos e até marido e mulher? Pois não eram meros escravos? É certo, porém, que, de vez em quando, Jim encontrava um jeito de estar com Mary, na fazenda dos Carver. O primeiro filho deles se chamou James. O segundo foi George. Logo em seguida, porém, Jim deixou de vir. Disseram a Mary que ele estava trabalhando para seu dono, quando houve um acidente. Caiu-lhe um pau muito pesado em cima e ele morreu. Por isso, George não chegou a conhecer seu pai.

Com um ano de idade, o menino era ainda franzino e doentio. Mary deve ter tido sérias dúvidas de que ele se criasse como outras crianças. Além disso, apanhou coqueluche. Num dos seus acessos de tosse e engasgo, poderia até sufocar e morrer. Numa noite muito fria de janeiro, em pleno inverno, ela tentava aquecer a criança junto ao seu corpo, mas ele continuava a tossir desesperadamente. De repente, ouviu-se um rumor de cavalos que se aproximavam. Moses Carver só teve tempo de chegar esbaforido e gritar:

– Corre, Mary!

Ele mesmo pegou o pequeno Jim, que dormia, e correu para o mato, mas não pôde evitar que Mary fosse raptada. Em poucos momentos os cavaleiros pararam à porta, entraram, agarraram Mary e o menino e sumiram na noite fria e escura, enquanto George tossia sem parar.

Dias depois, a propriedade foi novamente invadida. Desta vez pegaram Moses Carver e o torturaram para saber onde ele escondia seu dinheiro. O 'alemão', como o chamavam, deveria ter dinheiro. Tinha uma boa fazenda, era econômico e criava os melhores cavalos de raça da região. Mas estavam enganados com o velho. Não havia o que o fizesse dizer onde estava o dinheiro. Amarram-no a uma árvore, pelos dedos grandes das mãos, mas apesar da dor insuportável, Moses continuou firme. Os homens trouxeram brasas e queimaram-lhe a sola dos pés. Nada. Tiveram que desistir.

Algum tempo depois, Moses Carver ouviu dizer que um mateiro[3] por nome Bentley sabia do paradeiro de Mary. Mandou chamá-lo e lhe disse que não tinha muito dinheiro, como pensavam os assaltantes, mas daria a Bentley quarenta acres de boa terra coberta de mata e mais um cavalo de raça por nome Pacer (Marchador), se ele trouxesse Mary e o menino de volta. A proposta era irrecusável – mais de mil dólares, uma pequena fortuna – e Bentley aceitou a missão.

Prontamente, iniciou suas buscas por vasta região que se estendia até o estado vizinho de Arkansas.

Dias depois, voltou com uma trouxa feita de seu pró-

---

[3] Aurélio apresenta no item 3 de seu verbete mateiro, um brasilianismo perfeito para traduzir o termo original inglês (bushwhacker) e que assim está redigido: "Explorador de matas, que através delas se guia sem bússola, quase por mero instinto."

prio casaco, amarrada na garupa do cavalo. Não conseguira encontrar Mary. Eram desencontradas as informações que colhera a respeito de seu paradeiro. Quanto à criança... Ah, sim! Desembrulhou a trouxa e entregou-a a Susan Carver, com um comentário curto e dramático.

– Acho que ele ainda está vivo.

Quanto aos seus honorários, foi honesto. Não conseguira trazer Mary e, por isso, abria mão dos quarenta acres de terra, mas achava que merecia o cavalo. Carver concordou.

Foi assim que George foi trocado por um cavalo.

3

Muitas vezes Susan e Moses Carver duvidaram de que o menino sobrevivesse. Era muito frágil, sempre doente. Custou muito a andar e mais ainda a falar. Mesmo quando conseguiu articular as primeiras palavras, foi com dificuldade, gaguejante e numa voz fraca e aguda.

O irmão mais velho, ao contrário, era forte e em breve começou a ajudar o velho Moses nos trabalhos da fazenda. George também tinha suas obrigações, é claro, mas não dispunha de condições físicas para tarefas mais pesadas. Como o serviço era muito, cada um cuidava da sua parte. A George, o que lhe faltava em força física sobrava-lhe em habilidade. Era capaz de fazer as coisas mais delicadas e complexas, com seus dedos longos e ágeis. E sabia, como ninguém, tirar partido das suas mãos. Enquanto o irmão mais velho acompanhava 'tio' Moses pela fazenda, George ficava, sempre que possível, por perto de 'tia' Susan, procurando aprender as coisas que ela fazia em casa.

Um dia ele começou a observá-la enquanto ela fazia tricô e ficou fascinado. Chegou-se bem perto e examinou atentamente os movimentos dos dedos dela. "Se ela podia fazer aquilo, ele também poderia" – pensou. Havia, contudo, o problema das agulhas e da lã. Como conseguir o material? Correu ao quintal. arranjou umas penas de peru, limpou-as e fez suas 'agulhas'. De uma velha meia, obteve um longo fio de lã e começou a fazer seu tricô.

Coisa semelhante aconteceu com o crochê. Pediu emprestada a agulha da 'tia' Susan e, por ela, fez a sua. Quanto aos desenhos, ele próprio os criava. Eram flores, pássaros, frutos, coisas da natureza que, desde muito cedo, começou a amar e respeitar.

Assim aprendeu também um pouco da arte culinária da época. Isso tudo sem esquecer ou negligenciar suas pequenas obrigações na fazenda, que eram muitas, ainda que compatíveis com suas limitações. Naqueles tempos agrestes, as fazendas tinham de produzir de tudo ou quase. O pouco que se tinha de comprar fora era trocado por produtos da fazenda.

O dia de trabalho começava às quatro horas da manhã, fossem quais fossem as condições do tempo, lá fora. Era preciso cuidar dos animais, tirar leite, cortar, no tempo certo, a lã dos carneiros, fiar, tecer, preparar couro, fazer rústicos sapatos para uso doméstico, preparar provisões para o inverno, bater leite para separar a manteiga, recolher ovos, fazer sabão, cuidar da roupa. Enfim, serviço não faltava para ninguém. A despeito de tudo, a vida era boa e à noite o corpo certamente estava exausto, mas bem alimentado, e o sono era profundo e tranquilo.

Uma única vez faltou alimento. Foi quando os bandoleiros apareceram subitamente e transtornaram toda a fazenda, roubando tudo quanto podiam levar, inclusive as provisões guardadas para o inverno. Reviraram até as colmeias, onde descobriram, afinal, debaixo de uma delas, o dinheiro escondido do velho Moses. Levaram tudo. Por isso, houve algumas faltas, mas a terra era boa e generosa e, em pouco tempo, com a graça de Deus, voltou a fartura.

4

MUITO CEDO REVELOU-SE em George, mais que o interesse, o amor e o respeito pela natureza. Ele entendia de plantas como ninguém naquelas bandas. Suas horas de folga eram passadas nos campos e nos bosques, observando atentamente tudo quanto via.

Num lugarzinho secreto tinha suas plantas. Quando o inverno chegava, ele sabia como protegê-las: escondia tudo num buraco coberto com alguns pedaços de pau. De vez em quando ia lá, retirava as plantinhas para fora, deixava-as tomar um pouco do pálido sol do inverno e as escondia de novo. Na primavera, elas voltavam à plenitude da vida, prontas para responder com suas flores ao carinho do pequeno menino negro.

Com o tempo se tornou muito entendido em plantas. Meio na brincadeira e um pouco a sério, deram-lhe o 'título' de *Plant doctor*, isto é, doutor das plantas. Foi uma espécie de profecia, que se realizaria mais tarde. George era chamado pelas donas de casa da vizinhança para consultas. Ele ia, examinava as plantas e dava sua 'receita': um pouco mais de água, ou menos água, mais sol ou menos sol, era preciso remexer a terra, ou substituí-la, ou fazer algumas podas, coisas assim. Se a planta estivesse muito mal, ele a levaria para a casa e trataria pessoalmente dela, como num hospital. No fim de algum tempo, a traria de volta, perfeitamente sadia e bonita. Parece que todos sabiam que o principal 'remédio' que ele dava às suas amiguinhas verdes era a magia do amor. Por isso, nenhuma delas deixava de responder.

Ninguém poderia saber, contudo, o que se passava mesmo na sua mente. Era de uma curiosidade ativa, sadia e permanente. Que era a chuva? Por que nevava? Qual o segredo das sementes, que, de repente brotam e viram plantas, cada uma com suas características? Havia muita coisa bonita espalhada por toda parte. E as plantas? Uma variedade incrível de forma, cor e tamanho, nas folhas, nos caules, nos galhos. Havia pedras de todo tipo, brilhantes, coloridas, arredondadas. E pássaros com as mais incríveis cores nas suas penas e os mais lindos cantos nas gargantas. E pequenos animais das florestas, os insetos, as árvores, o solo, a madeira, as águas. Certamente, a natureza era cheia de mistérios e belezas, e muitas vezes ele tinha vontade de colecionar coisas que ia achando por onde andava, mas 'tia' Susan não deixaria que ele trouxesse tudo quanto queria para dentro de casa. Ele tentara várias vezes, sem resultado.

Quando a gente pensa em casa de fazenda, imagina um casarão enorme cheio de móveis antigos e bonitos. As fazendas de hoje têm televisão, rádio, telefone, geladeira e até computadores A casa dos Carver, porém, era pequena e sem enfeites. Dentro dela pouca coisa havia, apenas o essencial, o mínimo possível: uma mesa rústica, duas camas, alguns bancos, duas rodas de fiar algodão e instrumentos de trabalho ou de uso doméstico.

Ali viviam George e seu irmão Jim, como filhos negros de um casal branco. Ele gostaria de saber muito mais a respeito de sua mãe, mas, cada vez que falavam de Mary, 'tia' Susan começava a chorar. George sabia apenas o suficiente para que o seu coração não fosse inteiramente tomado pelas sombras da tristeza, pois nem saudade tinha dela, que não conhecera senão como um bebê raquítico que tossia sem parar. Soube que ela foi uma mulher honesta e verdadeira na sua humildade. Soube também da sua extraordinária habilidade com as mãos e de seu senso de coordenação de pensar e fazer. Muitas virtudes e enigmáticas vivências escondiam-se naquele misterioso ser que passara pela vida dele o tempo suficiente para trazê-lo ao mundo.

5

A FAZENDA do coronel Grant ficava nas vizinhanças da propriedade dos Carver. Aliás, o coronel fora dono do pai de George. Quando acabou a guerra entre o Sul e o Norte, o coronel perdeu sua fazenda e os escravos. As terras pertenciam agora a outra família, os Baynhams. Ao contrário da casa dos Carver, a deles era grande e bonita, toda de tijolos, verdadeiro luxo para aqueles tempos e aquelas paragens.

George ia lá, às vezes, mas ficava pela cozinha, sem atrever-se a percorrer a casa toda. Sentia-se ali mais intimidado do que em sua casa. A gente lhe era estranha, riam-se dele, de sua carinha tão feia, de seu corpo desajeitado, de sua gagueira, de sua voz fora de tom. Um dia, porém, ele se encheu de coragem e, movido pela curiosidade, meteu-se pela casa adentro. Atravessou salas e corredores e de repente se achou diante de umas pessoas muito solenes que o olhavam fixamente, das paredes. Meu Deus! Que seria aquilo? Logo percebeu que elas não se mexiam. Que coisa estranha!

Foram os primeiros quadros que ele viu na vida. Eram bonitos e coloridos. Descobriu, depois, que eram pintados à mão, por uma pessoa chamada artista. E aí é que estava a maravilha maior – eles tinham feito aquilo com as mãos. George também tinha mãos, portanto também ele poderia pintar quadros como aqueles. Por que não? Era o que ele desejava fazer.

A ideia ficou como que engastalhada na sua mente, a rolar daqui para ali, soprada por algum vento misterioso, pois George era um menino quieto, pensativo e solitário. Começou a desenhar, onde quer que pudesse, com o material que lhe caísse às mãos. Até no chão traçava linhas, figuras e bichos com um pedaço de graveto. Com extratos de plantas conseguiu produzir algumas cores, e com elas pintava tudo que podia: latinhas, pedaços de madeira, vidros. Mas isso era um segredo terrível que ele não queria que ninguém descobrisse.

Eram os primeiros sinais de uma forte vocação artística, que mais tarde lhe traria grandes inquietações, agonias e alegrias, também, por que não?

6

De outra vez, ele ficou sabendo que há gente neste mundo, que engana os outros a troco de nada, pelo simples e duvidoso prazer de mentir. Foi assim: George não era muito de estar metido em brincadeiras. Era de natureza reservada e não gostava de ser enganado. Houve, então, uma festa na casa de uma mulher de nome Selby. George tinha suas razões para fugir especialmente desse tipo de festa, por causa de uma brincadeira de salão chamada *"Pon Honour"*. É que, quem perdesse uma jogada, tinha de 'pagar' uma prenda ou multa, fazendo qualquer coisa ridícula.

Os companheiros imploraram a George que fosse à festa.

– Não – dizia ele. – Vocês querem que eu vá para fazer alguma coisa que não gosto de fazer.

Todos juraram que não. Ele ia só para ver. Foi. Lá chegando, organizaram logo a brincadeira, mas faltava um para completar a turma. Mais uma vez, imploraram a George que viesse participar.

– Não – teimou ele. – Vocês vão querer que eu beije alguma menina.

– Que nada! Ninguém vai fazer isso com você.

– Então eu vou.

Logo que ele perdeu a sua jogada, veio a multa infalível que, no caso, consistia em beijar três vezes uma menina muito feia e desajeitada por nome Clarissa. George bateu o pé que isso não faria. Não tinha sido do trato? Beija, não beija e estabeleceu-se a confusão. George foi saindo, mas a criançada juntou em cima dele e o trouxe de volta. A própria Clarissa o agarrou e começou a briga. George deu-lhe um tapa. Aí a sra. Selby achou que deveria interferir. Acalmou os ânimos e disse com o peso de sua autoridade.

– Vocês pregaram uma mentira. George tem toda razão de estar aborrecido.

Mas George não queria saber de mais nada. Esqueceu-se até do medo que tinha de atravessar os campos à noite e marchou furioso para casa.

7

NAS FESTAS PARA ADULTOS, tio Moses tocava sua rabeca, uma espécie de prima mais pobre do violino, e ele era bom de música, dos melhores da região. George ficava a contemplá-lo fascinado pela habilidade que seu pai de criação demonstrava com as notas musicais e começou a pensar no que fazer para aprender a tocar, já que era inadmissível fazê-lo com a rabeca do velho Moses. Ele resolveu o problema fazendo seu próprio instrumento, com um pedaço de pé de milho e um arremedo de arco feito de rabo de cavalo. Não sei se a gente poderia chamar de música aqueles sons que ele tirava da sua 'rabeca', mas havia certo ritmo suficiente para fazer a criançada pular a brincar em volta dele.

Era assim que ele ia levando sua vida modesta, trabalhosa, mas cheia de sonhos, muitos dos quais ele nem chegara ainda a formular claramente na cabeça, mas que lá estavam no fundo do coração. Um deles era o de estudar os segredos da natureza. Por que umas plantas tinham folhas compridas, outras tinham folhas redondas? Por que certas flores eram amarelas, outras cor-de-rosa, outras vermelhas, ou azuladas, ou brancas? Como é que no mesmo canteiro, lado a lado, uma planta tinha espinhos e dava rosas ao lado de outra completamente diferente que produzia cravos? Por que uma planta rastejava pelo chão enquanto outra se levantava no ar ou se agarrava a estacas, cercas e árvores?

Haveria coisa mais fascinante do que estudar e entender essas coisas, conhecer as respostas para essas e tantas outras perguntas que lhe vinham à cabeça? Mas onde e com quem iria aprender tanta coisa que desejava saber? Tinha que estudar por sua própria conta, lidando com suas plantinhas, como num laboratório rústico, experimentando, tratando das plantas doentes como se trata de uma pessoa. Era bom vê-las depois, recuperadas, crescendo de novo, cheias de força e beleza...

Pena que ele não possuía instrumentos para trabalhar com elas. Era com dificuldade que fazia um buraco no chão, ajeitava uma escora, ou cortava um galho seco. Se ao menos pudesse ter um canivete! Mas isso era impossível. Como é que um menino pobre poderia ser dono de um canivete? De vez em quando, tio Moses deixava ele e o irmão irem a Neosho, uma cidadezinha próxima. Um de cada vez, pois os dois juntos poderiam se meter em complicações.

Muita coisa interessante George via por lá: gente, casas, ruas e uma infinidade de coisas à venda, mas ele nunca teve dinheiro para comprar nada do que via. Tio Moses dava sempre alguns trocados e eles podiam gastá-los como quisessem. A propósito, tio Moses sempre contava uma historinha de dois irmãos. Um era gastador e extravagante; o outro econômico e controlado. O primeiro gastava tudo em bobagens como pequenas joias e bugigangas; o outro economizava o quanto podia e acabou juntando um dinheirinho, com o qual comprou uns ovos. Chocou os ovos e criou umas galinhas; vendeu as galinhas e comprou uma porca; depois vendeu a porca e comprou uma novilha; criou alguns bezerros, que vendeu para comprar um potro. O potro cresceu e se tornou um bonito cavalo. Sempre econômico, o menino comprou arreios e rédeas. Finalmente, no fim de todo o seu esforço, conseguiu comprar um terno de roupa, que era, naquele tempo, o ideal supremo de qualquer pessoa de respeito.

Dessa maneira, eles poderiam mesmo gastar o dinheiro como quisessem em Neosho, mas, na volta, tio Moses queria saber o que haviam comprado. Se ele gostasse, diria simplesmente: "Está bem." Se não gostasse – e isso acontecia frequentemente com Jim, o mais velho, seu comentário era o mesmo de sempre: "O tolo sempre fica sem dinheiro".

Seja como for, seria muito bom poder comprar um canivete, ou, quem sabe, fazer um. Mas como? Não se pode fazer um canivete como se faz uma agulha de tricô com penas de peru. O canivete era coisa muito séria de se fazer e de se conseguir. Na realidade, era impossível.

Então, o impossível aconteceu. Uma noite George teve o mais estranho dos sonhos. (Teria outros, pela vida, mais tarde). No seu sonho ele viu três pés de milho num campo. Bem pertinho dos pés de milho, havia uma melancia, meio comida, algumas sementes espalhadas pelo chão e, ao lado, um canivete que era uma beleza! Assim do tamanho de um lápis, cabo preto, duas folhas.

Na manhã seguinte, George acordou aflitíssimo. Mal conseguiu tomar seu café, disparou para o campo como uma bala. Foi direto ao lugar que tinha visto no sonho. Lá estavam os três pés de milho, os restos da melancia, as sementes e o canivete! Tudo igualzinho como havia sonhado. Foi uma alegria enorme. Tinha agora um canivete de verdade, seu, seu para sempre. Agora ele podia fazer uma porção de coisas com o seu canivete.

Interessante que o sonho lhe pareceu a coisa mais natural do mundo. Ele disse mesmo que era fácil para ele ver, no sonho, coisas que depois aconteciam de verdade.

8

Outra descoberta maravilhosa foi a dos livros. Começou a quebrar cabeça com uma velha cartilha de Webster, até saber de cor e salteado todas as letras. O problema é que o livrinho não ensinava nada do que ele mais desejava saber, ou seja, sobre as plantas, os pássaros, as pedras.

Outros livros vieram, depois, às suas mãos, como *Little Woman*, de Louisa May Alcott (1832-1888), famosa autora de histórias para crianças. E, como sempre, George achou que ele também poderia escrever um livro. Dito e feito. Começou logo a contar uma história, no estilo da Srta. Alcott

O grande sonho, porém, era estudar, saber das coisas. Olhava de longe as escolas. Era como se não existissem para ele, porque somente estavam abertas para crianças brancas. Ele não podia nem pensar em frequentá-las. E prometia a si mesmo que um dia teria uma escola dele mesmo, na qual ensinaria meninos e meninas a trabalharem com as mãos, produzindo coisas que ele houvesse aprendido a fazer com as suas. E mais, ensinar os meninos a fazer coisas que usualmente só as meninas faziam, como cozinhar, passar roupa, arrumar a casa. Quanto falava disso com alguém, riam-se dele.

– Você não sabe o que está dizendo, George.

Mas ele sabia, sim, porque tudo aquilo estava como que escondido em algum lugar no seu coração, como se houvesse lá, guardado, um programa de trabalho para quando chegasse o tempo certo. E ele nem sabia que, pelos Estados Unidos afora, milhões de negros sofriam privações de toda sorte por não estarem preparados para enfrentar as lutas pela vida. A escravidão acabara, mas ficaram muitas dúvidas, porque a maioria havia apenas trocado um tipo de sofrimento por outros. E se perguntavam, talvez, se aquilo havia sido um bem ou se outro mal abatera-se sobre eles. Antes, tinham muito trabalho e sofrimento, mas também um lugar para ficar e comida. O sofrimento, no entanto, continuava, pois moradia e comida se tornaram incertas. O que sabiam fazer era capinar, plantar e colher algodão, desde os primeiros clarões da madrugada até à última luz do crepúsculo. Ninguém cuidou de ensinar negro a ler ou fazê-los aprender algum ofício mais nobre que lhes permitisse ganhar a vida como os brancos. Além do mais, todo mundo achava que eles haviam nascido para aquela vida parecida com a dos bichos. Até eles mesmos, muitas vezes, achavam que tinha de ser assim.

Um ou outro, como George, sentia necessidade maior de estudar, aprender coisas novas. Mas por onde começar, a quem recorrer, se as escolas somente aceitavam crianças brancas? Só os brancos podiam aprender, portanto e se as coisas continuassem daquele jeito, como tudo indicava, os negros seriam sempre miseráveis e ignorantes. Nunca teriam nada, e filhos, netos e bisnetos deles só poderiam aprender a plantar algodão, colher algodão, capinar e sofrer, a troco do 'privilégio' de continuarem vivos. Isso não poderia estar certo. Não era justo.

9

É POUCO PROVÁVEL que George tivesse, naquela época, consciência dos graves problemas sociais, no contexto dos quais ele nascera, mas, para a gente que tem hoje o privilégio da perspectiva no desdobramento de sua vida, dá para perceber que o pequeno menino negro trazia consigo o plano generoso de trabalhar, não tanto pela libertação dos escravos, o que já era lei, mas pela dignidade dos seres humanos que haviam nascido com a pele negra.

Àquela altura, com apenas dez anos de idade, mas parecendo bem menos, ele apenas sabia, pelo sopro sutil da intuição que tinha de estudar, a despeito das dificuldades que pareciam intransponíveis, a começar pela extrema pobreza e pela fragilidade de seu corpo físico. Tinha de estudar de qualquer jeito, e ele não tinha a menor ideia de como fazer isso, mas, lá no fundo de si mesmo, ele deveria saber que acabaria conseguindo o que queria.

Por isso, não foi mais possível segurá-lo na fazenda dos Carver. Um dia, lá se foi, estrada afora, pequeno, magrinho, pé no chão, uma trouxinha às costas. Deixava a bondade dos seus pais de criação e o aconchego da casa, onde tinha um lugar para dormir e a regularidade das refeições, pelas incertezas e desafios do mundo, lá fora, onde não sabia nem mesmo onde poderia conseguir a próxima refeição e um pedaço de chão para descansar o corpo. Tinha que ir.

O objetivo inicial foi o de ir até a vila de Neosho, a doze ou treze quilômetros de distância da fazenda dos Carver. De fato, lá chegou, à tardinha. Estava cansado da caminhada e não sabia o que fazer em seguida. Andou pelas ruas, sem rumo, olhando as coisas e as pessoas. Estava com fome. Onde conseguiria algo para comer? E à noite, onde dormir? Andava, andava, sem parar.

Quando a noite chegou, ele estava tão cansado que não podia mais caminhar. Viu uma estrebaria à frente e entrou. Mesmo na escuridão, arrumou-se como pôde no meio da palha e, enganando a fome com o sono, dormiu pesadamente.

10

Acordou com a primeira luz da madrugada, como de hábito na fazenda. Ficou ouvindo por algum tempo os ruídos que fazia o cavalo, seu companheiro de 'dormitório', que batia com as patas no chão e respirava forte. Em breve, alguém viria cuidar do animal e descobriria George. Assim, era melhor que ele saísse antes de clarear o dia. Pegou a trouxinha e escorregou como uma sombra para fora.

    O ar estava fresco e puro. Ao lado, havia uma casa modesta, sem pintura, mas de aparência agradável. George estava tonto de fome, pois não comera nada desde o almoço da véspera, ainda na fazenda. Como é que ia fazer? Andou por ali, um pouco e sentou-se numa pilha de lenha. Queria pensar e dar um pouco de tempo ao tempo. Sem muita demora, a porta da casa se abriu e apareceu uma mulher também negra como ele. Olhou aquele menino sentado ali e seu coração se encheu de compaixão. Parecia abandonada e faminta aquela criança meio assustada.

– Me ajuda a levar um pouco de lenha pra gente poder tomar um café – disse ela, como se conhecesse George há muito tempo.

Era a maneira dela de convidar o menino para comer. Logo ficou sabendo o nome dela. Chamava-se Mariah Watkins. Era enérgica, bem disposta, falava rápido e tudo na sua casinha modesta, brilhava de limpo.

– Então – disse ela –, você veio para cá para estudar, não é? Muito bem. Que coincidência! A escola é logo ali do lado.

Não era coincidência. George sabia. Nas poucas vezes em que visitara a vila de Neosho tinha visto a escola. Sabia que aquela ali ele poderia frequentar, porque era para crianças negras, como ele. Uma vez até arriscou uma espiada lá dentro, por um buraco na tábua, viu aquela porção de crianças, numa salinha apertadíssima, com livros diante dos olhos. Tivera uma grande e justíssima inveja delas: estavam estudando!

Logo que tomou o café, sentiu-se melhor. Tia Mariah deu-lhe uma boa esfregada para que ficasse brilhando de limpo. Depois, passou-lhe um avental em torno da cintura e, naquela sua maneira despachada, foi logo dizendo:

– E, agora, vamos trabalhar.

Era isso que mesmo que George queria: uma casa onde pudesse trabalhar, comer, dormir e... ir à escola. Sua vida, graças a Deus, tomava um bom rumo ou, pelo menos, promissor. Tia Mariah não tinha filhos. Seu marido, Andrew Watkins, tio Andy, também mais claro do que George, era baixinho, forte e vivia de pequenos serviços pela cidadezinha. É claro que não tinham riquezas nem confortos, mas sempre tiveram o necessário para viver com dignidade.

Por aquele tempo, ninguém poderia adivinhar, mas estava escrito nos céus que aquele menino viera destinado a fazer coisas espantosas. Um dia até escreveriam livros sobre ele, contando como ele nasceu, viveu e lutou. E como foi bom, nobre, puro e dono de uma das mais brilhantes inteligências de seu tempo. Nesses livros já estava reservado, lá no futuro, um lugar para Mariah Watkins. Até retrato dela teria espaço nas suas páginas. Lá está ela, uma negra modesta, digna, simpática, que ajudou George num momento de dificuldades e incertezas. Muito merecido que o retrato de Mariah figurasse nos livros que se escreveriam sobre o 'seu' George, porque uma parte dela, sua bondade, sua solidariedade e seu amor, ficou incorporada à vida dele. Ela teria sempre aquele legítimo orgulho e, mais tarde, quando ouvisse falar das coisas que ele estava fazendo pela sua gente, pelo seu país e pelo mundo, seu coração se encheria de secreta alegria, porque Deus lhe concedera a oportunidade de dar a mão àquele menino extraordinário. Talvez até Ele houvesse mandado Mariah e outras pessoas como ela, na frente, sabendo que, um dia, George iria precisar delas. Deus sabe das coisas...

11

Foi também Mariah Watkins que ensinou George a lavar e passar roupa até que as peças ficassem brilhantes de tão limpas e polidas. Foi ali, na casa dela, que ele aprendeu a lavar o assoalho e as paredes e tomar conta da casa. E, como viviam todos na pobreza, ele consolidou hábitos de economia e poupança que o acompanharam durante toda a existência.

Provavelmente tia Mariah não sabia ler, mas era profundamente religiosa e, sempre que podia, levava George à sua igreja, frequentada exclusivamente por gente de cor negra. O pastor, também negro, não sabia ler, mas tinha a palavra inspirada e seus sermões causavam profunda impressão em George.

Logo que começaram as aulas, George foi para a escola. O professor era um negro chamado Stephen S. Frost, de escassa instrução, mas o que sabia passava aos seus alunos e alunas. A salinha media apenas quatro metros e meio por cinco e, ali dentro, incrível como possa parecer, apertavam-se cerca de setenta e cinco crianças, ansiosas para aprender um pouco do pouco que sabia o mestre.

Terminada a aula, George pulava a cerca para o lado dos Watkins e ia cuidar de suas obrigações: tirar leite, apanhar lenha, fazer limpeza. Concluídas as tarefas, agarrava-se ao livro. Quando podia, fazia as duas coisas ao mesmo tempo, como esfregar o chão com uma das mãos e segurar o livro com a outra.

Foi por causa da escola que George teve de escolher um sobrenome. Até então, havia sido apenas o George, dos Carver. Descobrira, porém, que não poderia ficar assim a vida toda. Tinha que ter um sobrenome, disseram-lhe na escola, isto é, um nome além do nome próprio para distinguir-se dos outros Georges que encontraria pela vida. Resolveu, então, que se chamaria George Carver, em atenção ao antigo proprietário de sua mãe. George Carver ficou sendo.

12

AO FIM DE ALGUM TEMPO, seu irmão Jim também veio para Neosho, a fim de aprender a ler. Mas pouco frequentou a escola. Diferentemente de George, não tinha muito gosto pelos estudos. Preferiu aprender o ofício de estucador.

Pela primeira vez conviviam mais estreitamente com gente de sua própria cor e condição e se davam bem com isso. Jim apaixonou-se por uma jovem da família Jefferson que morava por ali, mas o professor Frost foi mais esperto do que ele e se casou com a moça, o que deixou George indignado. Aliás, George não apreciava muito sr. Frost, porque ele demonstrava ter vergonha de ser negro e ninguém deveria envergonhar-se disso.

George gostava do irmão mais velho e, apesar das diferenças de temperamento e inclinações, brincavam e jogavam bolas de gude, do qual Jim saía sempre derrotado;

George era muito competente em tudo quanto fizesse com as suas habilidosas mãos de artista. Quando estava mais alegre, fazia também algumas demonstrações de malabarismo com o seu precioso canivete. Jogava-o daqui para lá, por cima do ombro, e pegava-o com a outra mão. Continuava, porém, a não gostar de brincadeiras pesadas e barulhentas. Era ainda um menino doentio, fraco e detestava violências. Falava pouco e tornou-se, mais tarde, um homem calado, acostumado a dizer apenas o necessário.

Aprendia tudo quanto podia, observando de perto a incessante atividade de tia Mariah, dona-de-casa perfeita. Em pouco tempo ele sabia fazer tão bem as coisas, que ela podia até viajar descansada e passar dias fora, que ele daria boa conta das tarefas domésticas, sem faltar uma só refeição caprichada para tio Andy. Nos intervalos do serviço, George ainda encontrava tempo para fazer alguns biscates para os vizinhos, a fim de ganhar alguns centavos.

Muita coisa nem era preciso ensinar-lhe – aprendia pela simples observação, como sempre fizera. Ou aperfeiçoando as coisas que já sabia fazer, como o crochê, por exemplo. Se, nas suas andanças pelas ruas da cidadezinha, visse uma senhora com uma bonita gola ou uns punhos diferentes, pegava suas agulhas logo que possível e fazia tudo igualzinho, sem ter a menor noção de como fora feito o original que vira na rua. Gostava de produzir coisas bonitas que mostrassem desenhos equilibrados e bem feitos.

13

Ao cabo de algum tempo, tudo quanto Stephen Frost sabia, George também sabia, talvez mais; o professor não tinha, pois, mais nada a ensinar ao menino, que precisava procurar um lugar onde pudesse prosseguir seus estudos. Soube, então, que uma família dali estava de mudança para Fort Scott. Tinha que ir, de vez que as possibilidades de Neosho estavam esgotadas e ele não poderia ficar ali o resto da vida, apenas sabendo ler e escrever.

É incrível a coragem e a obstinação daquela estranha criança, a enfrentar com incrível bravura não apenas as dificuldades naturais que sua condição lhe impunham, mas também as dores que as separações deveriam causar-lhe ao coração sensível. Não teria sido nada fácil deixar Susan e Moses Carver, tanto quanto Mariah e Andrew Watkins. De todos eles ficariam profundas marcas na sua vida. Mas não era preciso estudar?

Pela segunda vez, despediu-se de gente que ele amava e que o amava e seguiu em frente. Antes de partir, foi com seu irmão Jim a Diamond Grove para despedir-se de Susan e Moses Carver, seus pais brancos. Em seguida, despediu-se do próprio Jim, que ficava em Neosho, pulou para cima da carroça puxada a burro e lá se foi com a família conhecida para Fort Scott.

Levaram muitos dias para chegar ao destino, a cento e vinte quilômetros de distância. Assim que chegaram, George começou a procurar emprego nas casas de família, pois a essa altura já sabia fazer qualquer trabalho doméstico.

A senhora Payne estava justamente precisando de alguém que a ajudasse, mas era necessário que a pessoa soubesse cozinhar.

– Você sabe cozinhar? – perguntou cheia de dúvidas ao olhar aquele menino franzino.

Não era muito o que ele sabia, mas achou que conhecia o suficiente e não podia perder a oportunidade.

– Sei sim, senhora.

– Está bem. Vamos experimentar, mas quero te prevenir que meu marido é muito exigente. Tem que estar tudo do jeito que ele gosta, senão ele nem toca na comida. Pode começar a fazer o jantar.

George sentiu um calafrio, porque a mulher pediu pratos que ele não sabia fazer, mas ficou firme e disse:

– Se a senhora me disser como é que a senhora gosta,

eu farei tudo direitinho. É só mostrar que eu faço.

Com esse recurso, resolveu o problema. A senhora Payne ensinou quanto costumava colocar disto e daquilo no tempero, nos biscoitos e no pudim. Nem chegou a desconfiar de que ele nunca fizera aqueles pratos, mesmo porque a segunda fornada de biscoitos já saiu perfeita e foi aprovada pelo exigente sr. Payne.

E assim foi tudo o mais. Num instante, tornou-se um mestre em lidar com forno e fogão. Tão bom que, quando fizeram um concurso de receitas, George ganhou um prêmio com suas massas e biscoitos.

Sempre que ele conseguia algum dinheiro, entrava para uma escola e estudava enquanto durassem as economias. Aí voltava a trabalhar para ganhar mais. Empregava-se de preferência em casas de família e sempre deu boa conta de todas as suas obrigações. Estava, a esse tempo, com apenas treze anos de idade.

14

Em uma tarde funesta, o horror desabou sobre a vida de George como um raio. Ele tinha ido à farmácia buscar um remédio para a a sua patroa. Eram quatro ou cinco horas da tarde. Havia um ajuntamento de gente agitada nas vizinhanças da cadeia pública local. A multidão foi crescendo, em quantidade e em fúria, até que invadiu o prédio e de lá tirou um prisioneiro negro. O tumulto espalhou-se pela rua e, bem em frente à casa onde George trabalhava, arrebentaram a cabeça do pobre homem de tanta pancada. Em seguida, arrastaram o corpo dele para o meio da praça, derramaram óleo sobre ele e botaram fogo. George ficou tão chocado com o espetáculo de selvageria que não conseguiu dormir aquela noite. Antes do amanhecer, retirou-se para sempre da cidade.

Começava aí a vida errante, pelas pequenas comunidades da região. Ficava um pouco em cada lugar, trabalhava um mês para uma família, uma semana para outra. Às vezes empregava-se em fazendas, em épocas de colheita, ou fazia biscates, varrendo jardins, rachando lenha, fazendo faxinas. Nos intervalos, estudava, mas era um aprendizado errático, incerto, sem método, porque estava sempre a interromper os estudos porque tinha de mudar de cidade ou porque o dinheiro se acabava. Era frequente ficar sem saber onde iria dormir à noite, ou se teria ou não algo para comer. E os livros? Eram um problema a mais.

No entanto, desde que se entendia por gente, George fora órfão e, por isso, acostumara-se a tomar conta de si mesmo. E, se encontrava gente bruta e maldosa que o maltratava, humilhava e o escorraçava, muitas vezes foi acolhido por gente boa que o ajudava, oferecia conselhos e sugestões.

O importante, para ele, acima de tudo o mais, era estudar. Tinha de estudar de qualquer jeito, custasse o que custasse. Podiam até lhe dizer que, para um negro, saber ler e escrever um pouquinho já era suficiente. Isso era problema dele e ele tinha a respeito ideias muito claras na cabeça. Outra coisa: por mais que precisasse de dinheiro para continuar seus estudos, recusava-se terminantemente a aceitar qualquer trabalho de duvidosa honestidade ou remuneração que não considerasse justa. Se, no seu entender, um serviço prestado valia cinco centavos ele não poderia concordar em receber vinte. Queria o justo preço pelo seu trabalho, não uma esmola. Estranho como possa parecer, não era orgulho, não; era apenas um agudo senso de justiça, que se revelou nele muito cedo e durou toda a sua existência. Mesmo na sua extrema pobreza, ele sempre achou jeito de dar algum presentinho modesto a quem o tratasse bem ou lhe fizesse alguma gentileza. Quando menos, ele daria uma gola ou um punho de renda feito por distração.

Já naquele tempo despertara nele um profundo e sincero sentimento religioso. Adquirira o hábito de ler constantemente a Bíblia que 'tia' Mariah Watkins lhe dera de presente. Dizia o livro que Deus fizera uma porção de plantas diferentes e que cada uma tinha uma finalidade, mesmo porque nada do que Deus faz é inútil. Logo, devia haver uma finalidade na vida de George também, mas, por enquanto, só Deus sabia o que fazer com ele, porque o menino lutava, sofria e sentia tudo aquilo um tanto confusamente no coração, como o linchamento do negro na rua.

Ele sabia, por exemplo, que vivia num mundo organizado e comandado pelos brancos, no qual os negros tinham pouca ou nenhuma oportunidade. Dos brancos tudo se esperava e eles podiam fazer tudo quanto desejassem. Podiam estudar em qualquer escola, entrar em qualquer lugar, viajar em qualquer condução. Mas George era negro e não tinha direito senão às sobras, aos sofrimentos, à fome, ao trabalho duro e às dificuldades de toda sorte. Além disso, a saúde continuava precária.

E ele andava, andava... Não tinha casa que pudesse ser considerada sua, mesmo que fosse apenas com um pedaço de chão duro para dormir. Restavam-lhe as estradas do mundo, onde via as coisas que Deus havia criado, como as plantas, os pássaros, os bichos e os seres humanos. Imaginava, então, mil perguntas que ficavam sem resposta. Por que a terra era, às vezes, tão vermelha, outras vezes mais clara, quase cinzenta, escura ou esverdeada? Por que tantas árvores cresciam e cresciam e ficavam enormes, enquanto outras plantinhas pareciam tão humildes, a rastejar pelo chão? Por que umas davam flores, outras não. Por quê? Deveria haver respostas para tudo aquilo e, por isso, ele estudava sem parar, se bem que novas perguntas estavam sempre brotando dentro dele, como água numa fonte.

15

Ainda aí pelos treze anos de idade, encontrou outra família que lhe deu abrigo, alimento e afeto, a troco de algum trabalho. A senhora chamava-se Lucy Seymour, era casada e, tal como os Carver e os Watkins, não tinha filhos. Daí em diante, George teria, por muito tempo, casa para morar, cama para dormir, alimento suficiente e trabalho regular, pois nunca, em sua vida toda, soube o que era ficar sem fazer nada. Além disso, Lucy Seymour era uma das melhores lavadeiras da região e, sob sua orientação, George tornou-se um verdadeiro técnico no assunto, aperfeiçoando os conhecimentos que Mariah Watkins lhe havia passado. Mais importante que tudo, porém, é que agora podia frequentar regularmente uma escola.

Se você abrir um dos livros que mais tarde escreveriam sobre George, verá também o retrato de Lucy Seymour estampado lá. Pode crer que ela deve sentir-se muito feliz por estar ali, no seu justificado orgulho bom de ter contribuído para que se levantasse da poeira do desconhecido e da miséria, aquele que seria um das mais extraordinárias personalidades de seu tempo, branco ou negro. Lucy aparece num daqueles vestidos antigos, bonitos, com uma gola de renda (teria sido feita pelo seu George?). Seu cabelo, muito bem penteado e arrumado, serve de moldura a um rosto nobre e tranquilo, onde brilham dois olhos grandes e serenos. Era uma criatura firme, honesta e boa. O lugarzinho que ela tem na história de George é merecido e importante, porque ela sentiu logo cedo que havia algo de diferente naquele menino quieto e meio doente.

Christopher Seymour, ('*uncle* Seymour'), seu marido, era muito religioso e sempre levava George à igreja, onde podiam orar à vontade, em companhia de gente de sua cor. Deus ouviria as orações, porque todos são seus filhos, qualquer que seja a cor da pele. Como tio Seymour era presbiteriano, George tornou-se presbiteriano, mas nunca deu muita importância ao que então se chamava denominação , ou seja, o nome da sua seita preferida. Ele não via muita diferença nas diversas denominações religiosas. Na sua opinião, talvez isso fosse mais uma invenção dos homens do que uma determinação divina. Deus é sempre um só e em qualquer igreja se podia entrar e rezar livremente, ou até em casa mesmo, na intimidade do quarto, como dizia o Cristo. A prece é uma conversa com Deus, para pedir ajuda naquilo que for possível e agradecer pelas coisas que, embora modestas, sempre se consegue obter.

16

Mais tarde a família Seymour mudou-se para a cidade de Minneapolis, no estado de Kansas, e George foi com eles. Era tão miudinho que viajou com meia passagem. De repente, ele começou a crescer até chegar aos seis pés de altura (cerca de um metro e oitenta centímetros). Era quieto, mas alegre, e gostava de fazer imitações e representar pequenas peças teatrais.

Depois de ter aprendido a lavar e passar roupa com Mariah Watkins, George pensava que sabia tudo quanto precisava saber sobre lavanderia, mas foi Lucy Seymour que completou sua instrução na técnica, treinando-o a ponto de conseguir a perfeição. A roupa de que ele cuidava brilhava de limpa e bem passada. Não demorou muito e George resolveu que já era tempo de começar a trabalhar por sua própria conta.

Havia uma casa velha, no fim da rua, quase fora da cidade, e que dava bem para começar seu negócio. Como o que ele sabia fazer melhor era lavar e passar, resolveu montar sua modestíssima lavanderia. O equipamento necessário era pouco e barato. Procurou o dono da casa abandonada e fechou o negócio. Pagaria a casa pagando uma prestação mensal de cinco dólares. Um documento foi lavrado para formalizar a operação. Para certificar-se de que tudo estava mesmo resolvido, ele ainda perguntou ao vendedor:

– Mas e se eu não puder pagar todos os meses os cinco dólares?

– Não tem importância – disse o homem. – Você paga no mês seguinte ou quando puder.

A palavra dada tranquilizou George e ele se mudou para a casa velha com seus poucos trastes e seu equipamento de lavanderia: latas para ferver água, a tábua de esfregar, a de passar, sabão, anil e o ferro de engomar. Agora sim, sentia-se melhor. Estava devendo os olhos da cara, mas era independente.

Atirou-se corajosamente ao trabalho, enquanto prosseguia nos estudos. Já nesse tempo andava pensando em ir para uma universidade. Como seria isso, ainda não sabia, mas daria um jeito, quando chegasse o momento. Na cidade de Highland havia uma. Resolveu testar suas possibilidades. Escreveu-lhes uma carta para saber das condições de matrícula e quais seriam as despesas. A resposta não tardou e o deixou na mais incrível alegria: a universidade teria muito prazer em recebê-lo. Agora era só trabalhar para conseguir o dinheiro necessário. Dinheiro se obtinha com trabalho e George não tinha medo de trabalhar. Era pelo trabalho que ele conseguiria as coisas que desejava. Depois que fosse para a universidade, nada mais o faria parar.

Foi nessa época, aliás, que George precisou definir melhor seu nome. Havia na cidade outra pessoa chamada George Carver, um branco, aliás, que, de vez em quando, recebia equivocadamente cartas destinadas a George. Foi assim que George resolveu que, dali em diante, se chamaria George W. Carver. – Por que o W? – perguntaram-lhe. Parece que ele nem havia pensado nisso. Queria o W somente para diferenciar do outro George Carver. Mas ele disse que o W significava Washington e assim se completou o nome que se tornaria imortal: George Washington Carver.

De quem receberia ele as cartas? Dos amigos que deixara aqui e ali, nas suas andanças pelo Sul do país e de seu irmão Jim, a quem não via há muitos anos. É que Jim não era muito de escrever e nem sempre George podia gastar um centavo em selos para mandar-lhe uma carta. E assim, iam ficando sem notícias um do outro. Até que um dia, George soube que seu irmão havia morrido, há mais de um ano, e que seu corpo fora enterrado em Fayetteville, no estado de Arkansas.

Tanto quanto ele sabia, partira-se o último laço de família que George tinha no mundo, pois ignorava totalmente seu passado – avós, tios ou primos. Embora acostumado a viver só, sentiu forte abalo com a perda do irmão. De alguma forma, a solidão e o vazio ficavam maiores.

17

O NEGÓCIO COM O DONO da casa que ele comprara deu-lhe sérios aborrecimentos. Ninguém poderia ter previsto que a cidade de Minneapolis crescesse tão depressa. Dentro de um ano, a casa de George, no fim da rua principal, estava muito bem localizada e valorizada. Nas suas proximidades, começaram a construir um hotel.

Logo apareceu o antigo dono. Queria que George lhe vendesse de novo o imóvel. George achou que não, porque o ponto lhe interessava e ele estava bem instalado. O homem desistiu, mas voltou no dia seguinte, com uma conversa diferente. Daria ao rapaz outro lote, um pouco mais afastado da cidade, e como a casa era de madeira, faria removê-la para o novo terreno. George não aceitou a proposta. Por fim, o homem perdeu a paciência e falou:

— Não quer, não é? Pois eu posso retomar minha propriedade quando quiser, sem te dar um centavo.

George ficou mudo de espanto e o homem continuou:

– Nosso trato está completamente nulo, porque você não cumpriu a cláusula do pagamento de cinco dólares por mês. Você faltou vários meses.

– Bem, mas eu paguei sempre no mês seguinte – disse George. – Nunca deixei de pagar.

– É, mas o contrato diz especificamente que você tinha de pagar cinco dólares todo dia primeiro de cada mês, e isso você não cumpriu.

Não adiantava discutir e, mais uma vez na vida, George verificou que nem sempre a palavra das pessoas valia, como daquela vez que queriam que ele beijasse Clarissa. Ali estava mais um exemplo, na sua frente. Aquele mesmo homem lhe havia dito um ano antes, ao vender-lhe a casa, que não teria a menor importância atrasar com o pagamento uma ou outra vez. Pagaria no mês seguinte, ou quando pudesse. E agora pegava-se no descumprimento da cláusula contratual para retomar a casa que, legalmente, não lhe pertencia mais. Não houve jeito: George teve de mudar-se para fora da cidade e o homem voltou a ser dono da casa que lhe havia vendido.

George tinha agora que carregar a roupa e suas latas a uma distância muito maior que dantes. Carregava também uma parcela maior de desencanto no coração. Mas ficou sabendo, de uma vez por todas, que, em negócios, não se pode confiar em palavra empenhada. Tem que ser tudo escrito e testemunhado. E, nem assim, a garantia é total...

Formação
Juventude e mocidade

18

Quando chegou a época de ir para a universidade, George vendeu sua lavanderia, despediu-se de Lucy e Christopher Seymour e partiu. Primeiro iria a Fayetteville visitar a sepultura de seu irmão Jim. Em seguida, iria ver os Carver, tia Mariah e Andy Watkins. E contaria a todos que estava de partida para a universidade. E todos ficariam muito felizes e orgulhosos dele, porque George era um rapaz direito, bom e inteligente.

Cumprido seu roteiro sentimental, ele foi para Highland. Chegou à universidade com o coração aos pulos. Agora, sim, sua vida ia tomar o rumo que ele queria, para fazer uma coisa grandiosa, importante para o seu futuro e (secretamente) o futuro de sua gente: ia estudar numa faculdade!

Chegou-se timidamente, mas cheio de satisfação, até à mesa onde escrevia o diretor. O homem interrompeu o que estava fazendo, olhou-o de relance e perguntou bruscamente:

– Que deseja?

– Eu sou George Washington Carver, senhor. Vim aqui para me matricular.

O homem voltou a escrever e pronunciou as palavras fatais, como uma sentença de morte:

– Só aceitamos índios, aqui. Negros, não.

O mundo de George como que caiu todo sobre ele. Saiu dali esmagado. Mais uma vez, a cor de sua pele impedia que ele avançasse no rumo de seus sonhos mais elevados...

Muitas vezes sofrera duramente pelo fato de ser negro, porque naquele tempo e, de modo especial, naquela parte do país, as oportunidades estavam todas em poder dos brancos. Muitas vezes fizeram pouco caso dele e o espezinharam e humilharam somente porque sua pele era negra. Ele não tinha a menor culpa disso e aprendera a sofrer calado a fim de não se envenenar com o ódio. No fundo, estava bem certo de que uma pessoa não pode ser maior, pior, melhor ou mais inteligente do que a outra só porque a cor da sua pele é diferente. A alma que está dentro do corpo negro não tem cor. Como também a do branco. Como a Bíblia ensina tão bem, o que é nascido da carne é carne, e o que é nascido do espírito é espírito.

Seja como for, George não podia estudar ali porque sua pele era negra.

A história transpirou e muita gente na cidade ficou sabendo que aquele rapaz negro, muito quieto e sério fora rejeitado pela universidade. Os que ajudaram a fundar o colégio – que tinha saído de uma instituição ligada à igreja local – ficaram indignados e resolveram ajudar o rapaz, ofereceram-lhe emprego, mas não era isso que George queria, ele queria estudar. Trabalhar para frequentar a universidade seria uma alegria, mas trabalhar só por trabalhar sem nenhum outro objetivo era uma tristeza.

Não havia, porém, outro remédio, pois ele precisava viver. Fazia tudo, porém, mecanicamente, sem entusiasmo, arrasado pela decepção. Por algum tempo longo aquela dor ficou ali doendo.

19

SENTIA-SE DEPRIMIDO, mas não era de ficar de braços cruzados, esperando que as coisas acontecessem. Resolveu voltar à luta. O governo estava oferecendo áreas de terra no chamado Grande Deserto Americano, no estado de Kansas, a qualquer pessoa que ficasse lá pelo menos durante cinco anos. George decidiu experimentar.

Estava disposto a enfrentar tudo. Sabia que a experiência seria dura, mas que, pelo menos, teria um pedaço de terra onde pudesse construir uma cabana e plantar livremente o que desejasse. Quanto à solidão, não o preocupava, pois já estava habituado a conviver com ela desde a infância errante.

A paisagem era desoladora. Por toda parte onde a vista alcançava, era só deserto, sem montanhas, sem estradas, sem árvores. Aqui e ali um pé de cactus ou de iúca. E, por cima de tudo, aquele céu imenso, onde brilhava um sol impiedoso que a tudo queimava.

George experimentou as fantásticas visões das miragens. A primeira delas o deixou estupefato. Via nitidamente navios singrando as águas de um grande lago. Havia também riachos à beira de vegetação verdejante, fresca e convidativa, que estavam ali e, ao mesmo tempo, não existiam! O contraste entre as estações foi outra experiência singular, pois, no inverno, após um dia de sol intenso, de calor insuportável, nevava assustadoramente, mas nevava tão forte que, a poucos metros de sua própria cabana, uma pessoa podia morrer de frio porque não conseguia achar o caminho que levava à porta de entrada.

Era uma região estranha, agreste, violenta, indomável. George não pôde com ela e teve o bom senso de se reconhecer derrotado pela hostilidade do ambiente. Ele não podia viver sem muita vegetação em torno de si e ali era só a solidão causticante do deserto ou o frio insuportável das noites de inverno. Desistiu.

20

Por essa altura, atenuara-se o desencanto com a universidade. Começou a interessar-se novamente pelas coisas. Pintura, por exemplo. Nunca desistira de experimentar com suas tintas e pincéis.

Há cerca de doze anos vagava pelo Kansas. De repente, resolveu tomar mais uma atitude dramática. Juntou suas coisas, sem abandonar nenhum dos seus cactus, e novamente saiu para as estradas, desta vez na direção do estado de Iowa, a mais de quarenta quilômetros. O dinheiro era escasso, como sempre, e, por isso, tinha de ir a pé, carregando suas roupas, os escassos objetos de uso e, naturalmente, suas queridas plantinhas. O objetivo, daquela vez, era o Simpson College, onde pretendia fazer nova tentativa de admissão. Estava resolvido a estudar pintura! Parecia algo meio insensato, pois que nem mesmo os brancos conseguiam viver da arte. Será que George não estava sabendo, pela primeira vez, o que fazia? Ele não parecia preocupado com o aspecto prático da sua decisão. Até aquele momento tentara fazer o que melhor lhe parecera para o seu futuro; agora estava resolvido a não ligar mais ao futuro e fazer o que lhe parecesse mais agradável. Se passasse fome como pintor, que importância teria? Já estava acostumado a passar fome sem ser pintor... Pelo menos teria as alegrias da arte. Pintaria quadros, especialmente flores, plantas e pássaros. Estava com trinta anos de idade.

Sua decisão de ir para o Simpson fora fortificada pela inspiração e o incentivo da senhora Milholland. O casal Milholand se interessara por George e o ajudara e protegera durante algum tempo. Eram brancos, mas podiam sentir claramente a nobreza de espírito daquele jovem negro. Tanto insistiram, que George resolveu tentar o Simpson College. Vendeu o equipamento de sua segunda lavanderia, deu suas pinturas feitas em latas para a senhora Milholland e lá se foi para Iowa.

Não é difícil imaginar suas inquietações ao entrar nos terrenos da universidade. Era pobre, negro, feio e desajeitado. Sua voz soava meio em falso e, por isso tudo, não se sentia seguro, naquele ambiente desconhecido. Além do mais, não podia deixar de admitir que ainda lhe doía a rejeição da primeira universidade que procurara. Talvez levasse agora outro não. Seja como for, era necessário tentar.

Seu preparo era ainda insuficiente, porque durante

aqueles anos estudara um pouquinho aqui, outro ali, sem método nem plano ou continuidade. Estava ainda bem atrasado em matemática. Mesmo o que aprendera fora mais por sua própria conta, quebrando cabeça com os poucos livros que conseguia, sozinho, sem ajuda, do que nas precárias escolas que frequentara intermitentemente.

Para surpresa sua, foi aceito pelo Simpson College, mas, quando declarou que pretendia fazer um curso de pintura, a surpresa foi evidente. Para que iria um pobre aluno negro estudar arte? Arte não dava dinheiro e os negros precisavam aprender coisas práticas, ofícios definidos, como os de sapateiro, pedreiro, carpinteiro, coisas assim. Enfim, a mesma conversa de sempre. Em resumo, para curso de pintura o colégio não o aceitaria.

Mas George estava decidido a enfrentar as dificuldades, fossem quais fossem. Se o aprendizado da arte era indicado ou não para a sua condição era problema pessoal dele e ele estava interessado em arte. Além do mais, ninguém procurara saber se ele tinha ou não algum talento. A rejeição era liminar, daquele tipo do "não vi e não gostei".

George habituara-se a abordar suas dificuldades de frente, sem temores. Nas oportunidades em que as vencia, sentia-se fortalecido. Resolveu procurar diretamente a professora de pintura e aventurou-se pela sala adentro. A moça chamava-se Etta M. Budd e, de início, não se mostrou muito amável com ele. Também ela achava que aquilo era uma refinada tolice do jovem negro. Mas a insistência dele era tão grande, ainda que educada, que ela concordou em que ele assistisse às aulas durante duas semanas. No fim desse tempo, ela lhe diria se ele tinha talento ou não para arte.

No momento, era o bastante para George, que se retirou feliz da sala.

O problema, agora, era arranjar um lugar onde pudesse alojar-se e ganhar algum dinheiro, de vez que, após pagar os doze dólares da matrícula (afinal!), ficara com apenas dez centavos no bolso.

Procurou o dr. Holmes, o diretor da escola, e explicou-lhe a situação: a verdade nua e crua é que ele não tinha dinheiro para pagar os estudos. Precisaria trabalhar durante todo o ano letivo. O dr. Holmes permitiu que ele ocupasse um barraco abandonado nos terrenos do colégio e prometeu que pediria aos outros alunos que dessem roupas para ele lavar.

Contando com isso, George conseguiu adquirir algum equipamento a crédito e foi para seu barraco esperar os fregueses, depois de comprar um pouco de carne e algum cereal com os dez centavos que ainda possuía. Mas os fregueses não apareciam. O dr. Holmes havia se esquecido de sua promessa de recomendar a nova lavanderia aos alunos e George começou a passar fome novamente.

Além do mais, crescia sua preocupação com a precária situação de aluno condicional. Ele sabia que a srta. Budd o estava observando atentamente, embora não desse a mínima indicação disso. E se ela concluísse que ele não tinha mesmo jeito para a arte e não pudesse estudar pintura?

Ao cabo de algum tempo, como ela continuasse em silêncio, ele não aguentou mais a tensão. Muito timidamente, chegou-se a ela e falou assim:

– Srta. Budd, a senhora disse que se eu tivesse algum talento poderia ficar aqui estudando pintura. Posso ficar?

– Não vejo por que não – respondeu ela. – Comece logo a pintar paisagens.

Assim era a srta. Budd. Muito reservada e de poucas palavras. Até o pouco que falava parecia meio áspero, mas era dotada de um grande e generoso coração e certamente entendeu o drama pessoal daquele jovem negro disposto a qualquer sacrifício para aprender. Sua influência na vida dele seria decisiva. Eu até acho que foi mais uma daquelas pessoas que Deus mandou vir antes dele, para ajudá-lo em momento crítico.

Dias depois, ela passou em casa de uma de suas ex-alunas e falou de George, de suas dificuldades e de seu inegável talento para a pintura. Será que a senhora Liston não poderia dar um jeito de ajudar aquele rapaz? Ele prometia tanto...

Podia. Foi o novo anjo bom que acolheu George. Deu-lhe algum serviço remunerado e iniciou uma campanha entre os estudantes, tornando conhecidas as dificuldades do moço pobre que queria estudar pintura. Arranjou-lhe também acomodações mais confortáveis e de mais fácil acesso, onde ele pudesse desenvolver seu pequeno negócio de lavanderia.

De fato, em pouco tempo George tinha serviço à vontade e amigos também, porque todos gostavam de sua maneira simples, discreta e amável. Na verdade, arranjou tão bons amigos que, uma tarde, ao abrir a porta de seu modestíssimo quarto, seu coração quase explodiu de emoção: haviam posto fora seus móveis – feitos por ele mesmo, de caixotes vazios – e comprado tudo novo. Ele nunca conseguiu saber quais teriam sido os autores dessa delicada demonstração de fraternidade. Quando abordava um 'suspeito', a resposta era a mesma: "Eu não. Não sei de nada".

21

Coisas semelhantes aconteciam sempre. Todos sabiam das suas dificuldades, das canseiras e sofrimentos e todos gostavam dele e procuravam ajudá-lo discretamente, respeitando sua maneira de ser. Vinham com muito cuidado, escondidos, e enfiavam por debaixo da porta um ingresso para uma conferência ou uma moeda de meio dólar. No dia seguinte, George interrogaria um e outro, mas ninguém sabia de coisa alguma. "Moeda? É mesmo? Eu não!"

Assim, pela primeira vez, ele começou a experimentar alguma coisa que se podia chamar de felicidade. Tinha amigos, estava estudando arte, trabalhando e vivendo, embora com as costumeiras aperturas, parte integrante de sua existência de lutas. Enquanto lavava e passava roupa, os amigos vinham conversar com ele, porque gostavam dos inúmeros casos que, na sua vida errante, ele havia observado.

No fundo de si mesmo, George parecia vagamente consciente de que sua vida estava sendo orientada numa certa direção. Como costumava dizer, Deus tinha planos a seu respeito. Deus não faz coisa alguma sem um objetivo, uma finalidade; portanto, sua vida também teria um propósito qualquer. Duas eram as aspirações de George: estudar pintura e ajudar seus irmãos negros.

Algumas vezes ficava pensativo, ao perceber a dúvida roendo-lhe as certezas. Será que poderia ajudar sua gente com a pintura? Seja como for, ele confiava no seu destino e continuava estudando arte. Srta. Budd mostrava-se satisfeita com seu progresso, mas o ensino tinha seu próprio método: uma coisa de cada vez e George queria logo começar a pintar as flores, que tanto amava.

Um dia, a oportunidade simplesmente aconteceu. Uma de suas colegas, por nome Alice, tinha de pintar umas rosas, o grande problema do principiante. Alice lutou durante vários dias com o quadro, que ficava cada vez pior. Até que a professora disparou, com a sua rude franqueza habitual:

– Alice, sinto muito, mas você não dá para isso.

E saiu da sala. A pobre moça, inconsolável, ficou olhando desalentada para o quadro, que mais parecia um borrão disforme. George, ao seu lado, sentia-lhe o drama íntimo e dele participava. Era preciso fazer alguma coisa e ele se ofereceu para ajudá-la. Ainda não havia pintado flores com a srta. Budd, mas experimentaria. Pegou o pincel dela e, com traços firmes, recompôs, em minutos, o quadro de Alice.

Quando a srta. Budd voltou à sala, mal podia acreditar no que via: o quadro era uma obra prima, as flores pareciam ter vida!

– Agora, sim, Alice. Este é o melhor trabalho que você fez em todo este tempo. Está ótimo.

Honestamente e com grande tristeza na voz, Alice respondeu:

– Não fui eu, srta. Budd. George é quem o pintou.

22

ESTAVA, AGORA, George situado no limiar da arte. Provara a si e aos outros que poderia tornar-se um grande artista. No entanto, por mais estranho que pareça, sua professora insistia em dizer-lhe que ele não deveria continuar estudando arte. Por quê? Será que ela percebia, intuitivamente, que o caminho dele não era o da arte? Procurou convencê-lo do que ele já sabia: que a arte nunca lhe daria dinheiro suficiente para viver. Além do mais, se seu sonho era fazer alguma coisa pelos negros, como é que iria ajudar os seus pintando quadros? Poderia, talvez, tornar-se um pintor famoso e, quando passasse na rua, diriam dele: "Lá vai George Washington Carver, o famoso pintor negro". E isso seria tudo, e não bastava. George sabia disso perfeitamente, porém não havia nada no mundo que ele desejasse tanto como pintar.

Por fim, a srta. Budd lhe disse que ele não precisava

deixar de pintar. Poderia continuar fazendo seus quadros, pintando suas amadas flores, mas que se dedicasse a algo que tivesse maior alcance prático para sua gente, no sul do país. Se ele gostava tanto de pintar flores e plantas, porque não estudava agricultura? O pai da srta. Budd certamente ajudaria George a começar. Aliás, sr. Budd era professor de horticultura no Iowa State Agricultural College (Colégio Estadual de Agricultura do Estado de Iowa).

– Que tal se a gente escrevesse a ele? – perguntou srta. Budd.

Deu certo o plano. George guardou por algum tempo seus pincéis e se entregou de corpo e alma ao estudo da agricultura, sob a competente e amiga direção do professor Budd.

Pelos mais enigmáticos meios, Deus continuava a mostrar-lhe o caminho.

Em 1891, George entrou para a faculdade de agricultura, uma respeitável instituição na qual lecionavam e pesquisavam alguns dos luminares da época, como James G. Wilson, futuro secretário (ministro) da agricultura nos governos de McKinley, Theodore Roosevelt, Taft e também de Henry C. Wallace, pai do não menos famoso Henry A. Wallace, uma das grandes figuras da época.

Acontece que o colégio era destinado a estudantes brancos e George foi avisado, logo de início, que não poderia sentar-se à mesa de refeições com seus colegas. Tinha de comer na cozinha, com os trabalhadores negros da instituição.

Era um grande choque, mesmo para ele que, apesar de tudo, devia estar acostumado a levar choques. George sentiu-se confuso e desolado. Na sua aflição, escreveu à sra. Liston, amiga da srta. Budd e sua protetora, que o havia ajudado em outras situações delicadas. A sra. Liston não teve um momento de hesitação: pegou o primeiro trem e foi até o Iowa College. Andou o dia todo com George, abaixo e acima. Comeu com ele, no porão, juntamente com os trabalhadores negros.

George resolveu ficar e enfrentar mais aquele desafio. Parece que Deus não só tinha planos para ele, como queria que ele ficasse ali mesmo para provar que negro também é gente. Foi por isso – penso eu – que Ele mandou a sra. Liston a fim de dar-lhe novo alento.

23

Srta. Budd – a 'durona', quem diria? – continuava a protegê-lo, mesmo à distância. A pedido dela, arranjaram-lhe um emprego de faxineiro e um lugar onde pudesse dormir. Muitas dessas coisas eram conseguidas sem que ele soubesse como, nem quem havia conseguido. De algumas delas ele ficou sabendo, anos depois; de outras, nunca soube, porque havia gente que seguia ao pé da letra a recomendação do Cristo de que a mão esquerda não precisa saber o que fez a direita.

Já naquela época, seus amigos conheciam a nobreza de seus sentimentos e não se importavam em nada com a cor da sua pele, mas a grande maioria, quando olhava para George, via apenas um negro meio desajeitado, roupas limpas, mas pobres. muito modesto, caladão e, para muitos desses, lugar de negro não era na faculdade, a não ser trabalhando na faxina ou na cozinha.

Mesmo assim, George não achava que as pessoas eram cruéis com ele. Era gente que havia sido educada (ou melhor, deseducada) de certa forma e essa forma ensinava que negro não era gente igual aos brancos. Durante muito tempo, principalmente ali no sul, o negro fora uma mercadoria que se comprava e vendia e que, portanto, tinha dono, como uma coisa ou um animal. Certa vez, por exemplo, uma senhora levantou-se da mesa ao ver que eram negras as mãos do garçom que a servia – as mãos de George. Mas, como diz Rackham Holt,[4] na sua excelente biografia, "o nome dessa mulher não ficou na história, o de George ficou".

Pouco a pouco, ele foi se impondo aos outros como um homem de bem, que inspirava respeito e admiração pelo seu comportamento e pela inteligência de que era dotado.

Entregou-se por inteiro ao estudo de botânica, geologia, bacteriologia, química, entomologia e coisas dessa ordem. Interessou-se pela álgebra antes do tempo e aprendia com espantosa facilidade. A geometria, porém, era um mistério para ele. Justamente por causa dela, aprendeu mais uma das grandes lições da sua vida.

Foi assim: numa prova parcial, julgou a questão muito fácil e resolveu tudo num abrir e fechar de olhos. Os colegas mal haviam começado a prova e George já havia concluído a sua. Na hora de divulgar as notas, ele se sentiu orgulhoso:

[4] HOLT, Rackham. George Washington Carver – An American Biography, Doubleday, 1956, Garden City, New York.

tinha certeza de haver conseguido a nota máxima. Qual não foi o seu espanto, quando o professor anunciou:

– Sr. Carver: zero!

– Zero, professor? Tenho certeza de que a resposta está certa. Eu conferi.

– A resposta está certa – garantiu o professor –, mas você partiu de uma hipótese falsa. Nunca se chega a uma resposta correta partindo de um princípio errado.

Embora arrasado, George sabia que o professor estava com a razão. Aquilo iria servir-lhe para o resto da vida.

Nos intervalos dos estudos, trabalhava sem cessar. Havia no colégio dois tipos de trabalhadores: os que recebiam em dinheiro e os que eram pagos sob forma de aulas, embora sempre obrigados a uma pequena contribuição em dinheiro. Como George não tinha como pagar nem mesmo essa quota simbólica, tiveram que dar um jeito. Por isso, fora de suas obrigações normais, ele fazia extraordinários, como esfregar o chão, cuidar dos atletas com massagens e fazer pequenos curativos. Mesmo essas tarefas eram-lhe penosas, porque acarretavam-lhe dores e até sangramento, em casos extremos.

24

O **DINHEIRO CONTINUAVA** escasso, por mais que ele trabalhasse tempo normal e horas extras. Todo o seu precário rendimento era consumido pelos estudos. Faltava-lhe tudo, a não ser o estritamente essencial, e ele não queria esmolas, desejava apenas o que fosse de seu direito e de justiça, como produto de seu trabalho pessoal. Não queria ser pesado a ninguém.

Certa vez o professor Wilson ficou impressionado com o estado lastimável dos sapatos de George. Meteu a mão no bolso, retirou duas notas de dólar e ordenou, sem admitir réplica:

– Toma isto e vai imediatamente comprar um par de sapatos.

George não teve coragem de recusar. Seria uma afronta ao respeitável professor. Humildemente pegou o dinheiro e comprou os sapatos.

De outra vez, no Natal, fizeram-lhe uma traição amável e generosa, que o deixou profundamente emocionado.

Ele havia decidido ir à casa do professor Budd, na cidade. E com sua roupa de trabalho mesmo, muito velha, pobre, limpa, subiu no trenó, pois estava nevando. Preparava-se para sair, quando um bando alegre de estudantes apareceu. Eles também iam à cidade, disseram. Lá chegando, pararam em frente a uma loja e convidaram George para entrar por alguns minutos com eles. Não. Como é que ele poderia entrar numa loja? E para quê, se não tinha dinheiro? E, além do mais, sua roupa era velha e estava remendada.

Não houve jeito de demover a turma: teve de entrar. Obrigaram-no docemente e experimentar uma roupa, o que fez sob enérgicos protestos, pois não tinha a menor intenção (nem possibilidade) de comprá-la.

– Mas experimenta esta aqui – disseram. – Queremos ver como fica em você.

E assim foi com os sapatos, o chapéu, as luvas, tudo. Para completar a 'traição', o professor Wilson pôs-lhe nas mãos uma passagem no trem das sete para Cedar Rapids, onde se tramara uma exposição de quadros seus, pois, a despeito de tudo, ele continuava pintando nas escassas horas vagas de que dispunha.

Quatro de seus quadros foram selecionados, mas só um podia competir e foi com ele que George ganhou sua primeira menção honrosa.

25

Ao cabo de quatro anos, terminou o aprendizado no Colégio Estadual de Iowa, do qual George se lembraria – e com muita gratidão – nos longos anos que o esperavam pela frente. Sua tese versou sobre "A modificação das plantas pelo homem".

George era uma das grandes figuras da turma. Chamavam-no de *doctor*, porque, como diziam, ele sabia tudo. A senhora Liston, sua fiel amiga, estava lá, nas festividades da formatura, feliz e orgulhosa do seu protegido. Pela primeira vez na história daquela faculdade um homem negro sentava-se à mesa com os professores: era George Washington Carver. Ninguém poderia duvidar de que ele merecera a distinção.

O dr. Pammell considerava-o seu mais brilhante aluno – metódico, bom colecionador e agudo observador. Cinco anos depois, em 1899, o professor Budd, em artigo técnico escrito para a revista *Iowa State Register*, citou, em apoio de um argumento seu, uma autoridade no assunto que estava sendo discutido: sr. G. W. Carver.

Assim que concluiu o curso, George foi nomeado botânico assistente da estação experimental da faculdade. Vários candidatos haviam disputado a vaga, mas as credenciais de George eram francamente superiores às de todos e ele foi o escolhido para o cargo.

Trabalhava agora numa atividade que o interessava, sob orientação do professor Budd, pai de sua antiga professora de pintura. A arte continuava sendo uma de suas inocentes paixões e ele tinha esperança de poder, um dia, frequentar a Academia de Artes de Chicago, depois de terminado o curso de extensão que estava fazendo.

Como assistente do dr. Pammell, George colaborou em duas obras importantes, publicadas ainda em 1895, em forma de brochuras. Os papéis tratavam de doenças das plantas, assunto em que o dr. Pammell era tido por autoridade indiscutível. Na verdade, ele já havia publicado um livro que se tornara clássico: *Manual das plantas venenosas*.

Foi nessa época que se consolidou em George o interesse pelos fungos, assunto no qual se tornaria uma autoridade.

O jovem negro chegara, afinal, ao território de seus ideais. Agora ele poderia saber que planos Deus tinha para ele: estudar as plantas, suas doenças, os meios de curá-las, de fazê-las produzir melhor, de descobrir o que elas continham.

Isso era fácil para ele, porque o amor pela natureza já viera com ele, desde a fazenda dos Carver, em Diamond Grove.

    Apesar de não ter desistido da pintura, resolveu adiar esse prazer, modificando uma vez mais seus planos e, em vez de ir para Chicago, como pretendera, preferiu dedicar-se à sua tese de formatura, marcada para novembro de 1896.

26

Foi nessa altura da vida que a atenção de George Washington Carver foi solicitada para o grande educador negro Booker T. Washington. O destino haveria de reuni-los para que, juntos, pudessem estender as mãos generosas aos irmãos de cor. Pareciam mesmo programados para tarefas comuns.

George era o homem da pesquisa e do laboratório, o cientista puro, quieto. Booker, por contraste, homem de ação, dramático, um dos grandes oradores de seu tempo, capaz de convencer e comover uma plateia e arrastá-la, pelo brilho de sua palavra inflamada. Não se limitava a falar bem, contudo; era também um dinâmico empreendedor e, aos poucos, vencendo dificuldades que intimidariam outra pessoa menos preparada, ia conseguindo fazer alguma coisa pela sua gente.

Em 18 de setembro de 1895, realizou-se em Atlanta, na Georgia, uma Exposição Internacional do Algodão e Booker T. Washington foi convidado a participar como representante dos negros. Era a primeira vez que um negro se levantava para fazer um discurso a um auditório daquele porte, predominantemente de brancos. A expectativa era enorme. O próprio Booker conta o episódio, em seu emocionante livro *Up from slavery*.

Foi com uma sensação de pesada responsabilidade que ele se levantou para falar, sob as palmas solidárias dos negros no auditório. Queria falar de algo que levasse a um melhor entendimento entre brancos e negros. Começou dizendo que um terço da população do sul era de negros. Homens e mulheres da sua cor participavam ativamente da vida econômica da região, como muito bem estava demonstrado naquela exposição. Mas, de posse de uma liberdade ainda recente, não era de admirar-se que o negro se sentisse desorientado e quisesse começar logo muito alto. Havia até quem entendesse melhor tentar logo uma cadeira de deputado, em vez de dedicar-se a funções humildes e mais úteis, como criar gado e cuidar de hortas.

Sua voz então se elevou para contar a história dos tripulantes de um navio que, perdido na vastidão das águas, acenava desesperadamente para outro que passava e pedia "Água! Água! Estamos morrendo de sede!" O navio amigo, respondia, de longe: "Atirem o balde aí mesmo, onde vocês estão!" Mas aquilo não fazia o menor sentido, pois eles queriam água, água doce, para beber, não a água salgada do mar. E repetiam o angustioso pedido: "Água, água, pelo amor de Deus!". A resposta continuou sendo a mesma: "Atirem o balde aí mesmo!"

Desesperado, o capitão mandou, finalmente, atirar o balde e quando o recolheram, ele vinha cheio de água fresca e boa para beber, pois estavam navegando a foz do rio Amazonas.

A moral da história, continuava Booker T. Washington, aplicava-se às relações entre brancos e negros. Aqueles que pensavam em melhorar sua condição em terra estranha ou que desprezavam a importância de cultivar a amizade com os brancos deviam certamente apelar para o princípio mágico de atirar o balde ali mesmo, onde se encontravam. Deviam fazer amigos por toda parte, com toda gente, sem distinção de cor. Que experimentassem todos os ramos de atividade ao seu alcance, como agricultura, comércio, serviços domésticos, profissões diversas.

Por outro lado, para os brancos do sul ele também tinha o seu recado. Que atirassem o balde ali mesmo onde se encontravam, entre os oito milhões de negros, "cujos hábitos já conhecem, cuja fidelidade os senhores já testaram, a um tempo em que a traição de um negro poderia resultar na ruína de seus lares. Atirem seus baldes no meio desse povo que cuidou dos seus campos, derrubou suas florestas, construiu suas estradas e cidades tanto quanto arrancou tesouros do fundo da terra".

Continuava dizendo que a segurança coletiva dependia do desenvolvimento harmonioso de todos. Todos eram convidados a se esforçar no estímulo e na ajuda ao negro a fim de fazer dele um cidadão útil. Implorou aos brancos paciência e simpatia para os de sua cor. Terminou dizendo que esperava em Deus que todas as diferenças, suspeitas e desconfianças fossem eliminadas para sempre. Isto, e mais o progresso material, trariam para o sul do país um novo céu e uma nova terra.

Uma vigorosa salva de palmas acolheu as emocionadas palavras finais de Booker Washington, muito cumprimentado pela sua dramática peça oratória, mas só no dia seguinte, ao ler os jornais, pôde ele compreender melhor a inacreditável repercussão de seu discurso. Era apontado na rua e as pessoas que o viam queriam apertar sua mão e falar-lhe. De regresso a Tuskegee, onde tinha seu colégio, havia gente esperando nas estações para vê-lo pessoalmente e aplaudi-lo. O jornal *Constitution*, de Atlanta, dizia, em resumo, que o discurso fora uma revelação e uma plataforma, um programa que honrava a negros e brancos. O *Transcript*, de Boston, dizia que o discurso do professor negro havia se agigantado a ponto de reduzir a importância de tudo o mais que se fizera naquela memorável exposição.

Agora, enfim, os negros americanos tinham voz – a do professor Booker T. Washington.

27

Como era de esperar-se, George Washington Carver também foi atingido pelo impacto do discurso de Booker T. Washington, em Atlanta. Ali estava um homem que compreendia com nitidez os problemas dos negros e demonstrava estar pronto para lutar pelos seus ideais. George também estava, a seu modo, pronto a atirar seu balde onde estivesse, pois vinha desde muito cedo sonhando com a oportunidade de fazer algo pelos seus irmãos e suas irmãs de cor, procurando integrá-los na comunidade em que viviam.

Já a essa altura, ele era considerado o melhor cientista negro do país, na sua especialidade. Seus estudos e papéis técnicos haviam tornado seu nome conhecido e respeitado nos meios acadêmicos. Em novembro de 1895, convidaram-no a trabalhar na Alcorn Agricultural and Mechanical University, no Mississipi, mas o diretor da Iowa não estava disposto a perder George para outra faculdade, a não ser que as condições fossem excepcionalmente atraentes. Por isso, respondeu ao convite da Alcorn dizendo que sr. Carver era um cientista de alto nível e um cidadão de nobres e raras virtudes. Seu colégio nada teria a opor à solicitação, desde que fossem asseguradas a sr. Carver melhores condições de trabalho e de remuneração. Qual seria, pois, o seu salário e quais as suas obrigações, caso ele aceitasse o convite?

Não tardou a resposta: ofereciam ao jovem professor, a cadeira de Agricultura. George ainda hesitava. Consultou seus amigos, chefes e mestres. Por fim, resolveu aceitar, enfrentando a mágoa de perder o convívio de toda aquela gente, naquele ambiente, onde, afinal, havia conseguido romper a última barreira que ainda se opunha à sua formação profissional.

As recomendações que ele levou consigo eram consagradoras. O dr. Pammell dizia depositar inteira confiança na competência de sr. Carver e estava certo de que ele tinha um grande futuro pela frente. O professor Budd explicou que não gostava nada da ideia de perdê-lo e que, quanto ao salário, no ano seguinte, ele estaria ganhando ali mesmo tanto quanto lhe oferecia a outra faculdade. O professor Wilson, seu bom e dedicado amigo, foi mais minucioso nas suas recomendações. Chegou mesmo a declarar que, não fosse o respeito que tinha pelos professores da Alcorn, não hesitaria em dizer que sr. Carver estava mais adiantado do que eles em vários aspectos científicos. Por outro lado, não havia ninguém em condições de assumir a vaga que se abria no seu amado colégio com a retirada de George. O professor Wilson terminava suas declarações de maneira dramática: "Sei que estas palavras são entusiásticas – escreveu – e nunca as disse antes, em favor de nenhum dos jovens que deixaram esta casa, mas elas são totalmente merecidas. Se, afinal de contas, ficar decidido que os senhores arrebatarão sr. Carver de nós, reconhecerei nisso o dedo da Providência e me submeterei".

Gente grande, essa, que, mesmo na grandeza – ou por causa dela mesma –, não hesitava em mostrar que havia espaço para Deus em seus corações! Ademais, as palavras do prof. Wilson, futuro ministro da agricultura, foram justas e proféticas: era mesmo o dedo da Providência. Como sempre pensara George, Deus tinha planos a respeito dele.

Mas não era bem naquela direção que ele deveria seguir. E mais uma vez sua vida mudou de rumo. Desta vez o convite vinha de Booker T. Washington, que lhe oferecia uma posição no instituto que fundara em Tuskegee. O salário era de mil e quinhentos dólares por ano. A proposta foi logo aceita, incondicionalmente. Em carta a Booker, George declarou que aquele era o grande ideal de sua vida – o de ser útil ao maior número possível de gente de sua cor. Para isto vinha se preparando ao longo de todos aqueles sofridos anos de penúria e não poucas humilhações. Estava convencido de que na educação estava a redenção dos negros.

Durante todo o verão, Booker e George trocaram cartas, combinando pormenores. Em 5 de outubro de 1896, George embarcou para o estado de Alabama, após despedir-se de seus amigos, mestres e colegas. Levou consigo um valioso testemunho da amizade e do respeito que ali conquistara – um excelente microscópio, seu tesouro para o resto da vida.

Foi assim que começou a fecunda cooperação entre os dois grandes negros.

Ascensão
Meia-idade

28

Pela última vez usamos no capítulo precedente o tratamento informal de George, nas referências ao jovem professor negro. É chegado o momento de tratá-lo com mais cerimônia e correção, chamando-o de professor Carver, que, das janelas do trem, contemplava a desoladora paisagem lá fora com o olhar competente do mestre. O solo estava esgotado pela insistência na monocultura. Teria de ser tratado cientificamente se quisessem recuperar-lhe a primitiva fertilidade. Via-se algodão por toda parte, a perder de vista. Ninguém cuidava de hortaliças, frutas ou da criação de gado ou de galinhas. Era só algodão, e o negro, seu irmão de cor, lá estava, há mais de século, plantando, limpando, colhendo e replantando algodão. Era só o que sabia fazer, porque era só o que lhe haviam ensinado.

Alguma coisa, certamente, tinha de ser feita para corrigir a situação e sr. Carver, ainda no trem, achou o problema tão grande e complexo que, no momento, não sabia nem por onde começar a enfrentá-lo.

Foi pensando nessas coisas que chegou a Tuskegee. O instituto havia sido fundado há quinze anos, por Booker T. Washington, educador nato. Em comparação com o começo quase miserável, tinham já conseguido muita coisa. Muito mais, contudo, restava fazer. Depois de dar um giro pelas instalações, sr. Carver sentiu-se algo deprimido, ainda que não desencorajado. Era tudo de uma pobreza incrível, tanto a terra em volta, como o próprio instituto. O solo era o mesmo que ele havia contemplado da janela do trem: cansado, esgotado mesmo, onde nada crescia com o vigor necessário..

Booker Washington depositava grandes esperanças no novo professor e criou para ele o cargo sonoro e bonito de diretor e instrutor de agricultura científica e ciência de laticínios. Mas o departamento não funcionava; só existia no papel. A primeira coisa de que precisavam era de um laboratório com um mínimo possível de equipamentos e, por enquanto, o professor Carver só dispunha do seu microscópio, novinho em folha. sr. Carver, porém, não era de se deixar abater pelas dificuldades, ao contrário, parecia encontrar nelas o desafio de que necessitava para prosseguir obstinadamente no que decidira fazer. Nos seus tempos de miséria, quando não tinha dinheiro para comprar uma bacia para lavar roupa, serrava uma barrica velha ao meio. Haveria de encontrar soluções semelhantes para a aflitiva carência de recursos do instituto.

    Outra decepção, contudo, estava à sua espera. Seu departamento contava com treze alunos apenas. Que mistério era aquele? Como é que, num colégio de mil alunos, só treze se interessavam pela agricultura? Uma conversa com Booker Washington confirmou o que o prof. Carver já suspeitava: sua gente não queria nada com a agricultura. Vinham de uma classe social colocada lá embaixo, nos últimos degraus da pobreza, e que havia lidado com fazendas de algodão geração após geração. Pais, avós e bisavós só sabiam manipular rudes instrumentos de trabalho braçal. Se os jovens negros, homens e mulheres, não partissem para outras aspirações, continuariam presos à mísera condição social, oficialmente tidos como pessoas livres, mas que ainda estavam amarrados ali ao chão, hoje árido, das imensas *plantations*. Por isso priorizavam matérias como latim, grego ou história e matemática, em vez de aprenderem a capinar e cuidar de plantas, ainda que fosse por métodos científicos mais sofisticados. Queriam também ser gente de respeito e cultura, como certos brancos, que falavam difícil, entendiam latim e brilhavam na sociedade. Entendia a nova geração que o negro nunca seria coisa alguma enquanto não aprendesse as coisas que os brancos tinham toda a liberdade de aprender, e os brancos, a não ser os mais miseráveis, não lidavam nos campos.

    Era compreensível essa atitude dos jovens negros, mas também isso precisava mudar. Era necessário fazer alguma coisa e o prof. Carver começou a trabalhar com seus escassos treze alunos. Explicou-lhes que precisavam organizar um laboratório. Claro que, naquelas circunstâncias, não seria de esperar-se que fosse uma sala bem arrumada cheia de instrumentos brilhantes e novos. Começariam com um equipamento modesto, compatível com as possibilidades do colégio, mesmo porque, no seu entender, o melhor equipamento de um laboratório está na cabeça da gente e não nos instrumentos.

Assim, com garrafas vazias, vidros, latinhas, arames velhos, pedaços de pedra e madeira usada, reuniram algum 'material de laboratório' e começaram a estudar a natureza.

O restante, o professor Carver fazia com seu maravilhoso poder de tornar tudo interessante e digno de ser estudado e aprendido. Ele era capaz de pegar uma folha de mato nas suas longas mãos e falar uma hora sobre ela, revelando segredos que ele aprendera a surpreender nela.

Não faltavam problemas, mas o professor não queria atormentar Booker Washington com eles, pois o diretor do instituto já os tinha de sobra. O jeito era improvisar soluções, muitas delas precárias e insuficientes, com a ajuda dos seus alunos, motivados pela sua invulgar personalidade.

29

REALMENTE, NÃO FALTAVAM problemas para Booker T. Washington, fundador e diretor do Instituto de Tuskegee. Também a história da sua vida é outra incrível aventura de coragem, idealismo, energia e desejo de melhorar a condição dos negros de seu tempo e, por isso, muito se parece com a de George Washington Carver. Também ele nasceu escravo, como conta em sua autobiografia, adequadamente intitulada *Up from slavery*, ou seja, *Da escravidão para cima*. Nem ele sabia ao certo onde e quando nasceu. Supõe que tenha sido entre 1858 e 1859. A *Enciclopédia Britânica*[5] informa, contudo, que ele nasceu a 5 de abril de 1856, numa cabana para escravos localizada numa plantação no condado de Franklin, na Virginia.

[5] Verbete Washington (Booker Taliaferro), p. 380, volume 23, edição 1963.

Também lutou, sofreu, passou fome, trabalhou em minas de carvão ou como faxineiro a fim de custear seus estudos. Graduado pelo Hampton Institute, em Virginia, em 1875 (tinha apenas 19 anos), retornou a Malden, em West Virginia, onde vivera com sua mãe e irmãos, para lecionar a crianças durante o dia e aos adultos, à noite. Depois de dois anos de magistério e oito meses de estudo em Washington, capital do país, passou a integrar um grupo que desenvolveu com sucesso, em Hampton, Virginia, um programa educativo para índios americanos.

Dois anos depois, em 1881, foi escolhido para dirigir uma escola normal recentemente criada em Tuskegee, no Alabama, para estudantes negros. Dispunham apenas de "dois pequenos prédios reformados, nenhum equipamento e pouco dinheiro", como se lê na *Britannica*. Estava ali o trabalho de sua vida. Trinta e quatro anos depois, ao morrer em 1915 – por excesso de trabalho, segundo estas informações –, o Instituto de Tuskegee contava com cem edifícios bem equipados, mais de mil e quinhentos alunos e cerca de duzentos professores ensinando trinta e oito ramos diferentes do conhecimento, suportados por uma verba de aproximadamente dois milhões de dólares.

O prof. Booker Washington defendia a tese de que os negros se realizariam pela educação e não pela disputa política por direitos, que a muitos atraía.

Escreveu dezenas de livros, entre os quais *Up from slavery*, que contava, já em 1963, com traduções em pelo menos dezoito línguas.

Tornou-se, pois, uma figura eminente de seu tempo, nacionalmente respeitado e admirado em condições de influir em decisões politicamente importantes. Tanto o presidente McKinley, como Theodore Roosevelt foram seus amigos e o chamavam frequentemente a Washington a fim de se aconselharem com ele sobre importantes decisões a tomar. Andrew Carnegie, mega-empresário americano e seu amigo pessoal, deu-lhe, certa vez, seiscentos mil dólares em ações da poderosa United States Steel a fim de que, com a renda, pudesse ajudar a manter o instituto.

Foi assim que gente como Booker T. Washington e George Washington Carver aceitaram o desafio de mostrar que o negro dispunha de potencial intelectual como qualquer outro ser humano e só precisava de oportunidades educacionais. Até então só lhe haviam ensinado a plantar e colher algodão.

Além do mais, como cultura dominante, quase única, o algodão não somente exauria o solo, como mantinha a economia do sul e, em grande parte do país como um todo, condicionada aos azares da produção e do mercado. No momento em que, por um imprevisto de maiores consequências, o algodão caísse em desgraça, todo o sul cairia com ele e os negros seriam, certamente, os primeiros a sofrer e os mais duramente atingidos.

30

Ninguém melhor do que o professor Carver para saber que alguma coisa tinha de ser feita e com urgência para corrigir essas dramáticas distorções econômicas e sociais. Era, portanto, a pessoa indicada, no lugar certo, para concretizar o sonho que ambos sonhavam, ele e o professor Booker Washington.

Aos poucos ele foi se adaptando à vida do instituto. Como era de esperar-se, alguns problemas persistiam e problemas novos surgiam, aqui e ali. Até então, ele vivera mais com os brancos do que entre sua gente. Vivia agora quase que exclusivamente entre os negros e podia sentir de maneira mais dramática a pobreza em que se debatiam e o desejo quase desesperado de melhorar a qualidade de vida. Era uma gente que precisava aflitivamente de ajuda, gente que queria e precisava recuperar um longo tempo perdido em termos culturais, econômicos, sociais e políticos, em virtude dos anos de escravidão e penúria.

Até pouco tempo, os negros haviam trabalhado para os outros praticamente pela comida. Moravam em palhoças, não tinham como plantar legumes ou criar umas poucas aves em torno das habitações miseráveis. De pouco lhes estava servindo a liberdade se continuavam apenas a sobreviver a duras penas. Era a liberdade de continuar passando fome e aprisionados na ignorância e na humilhação.

Ser negro no norte do país era, sem dúvida, uma triste condição, mas ser negro no sul era muito mais duro. Mais do que ao norte, o sul parecia ter sido organizado pelos brancos e exclusivamente para os brancos. Lugar de negro – pensava-se e dizia-se – era no trabalho bruto e pesado. O negro tinha de "conhecer seu lugar"e lá ficar, quietinho, sem incomodar ninguém. Na rua, tinha de andar do lado da sarjeta e nunca do lado de dentro da calçada, junto às paredes e muros. Não podia ser encontrado na rua depois do anoitecer. Ao se dirigir a um branco – nunca por sua própria iniciativa –, deveria estar de pé, chapéu na mão. Um negro não podia chamar outro negro ou negra de senhor ou senhora. Não lhes era permitido darem-se tamanha importância.

Negro era negro, fosse simples trabalhador braçal analfabeto, como tantos, ou professores de talento como Booker T. Washington ou George Washington Carver. Se cometessem falta grave, corriam o risco do linchamento. Foi uma dessas cenas deprimentes e revoltantes que o professor

Carver presenciara quando menino.

É certo que a Constituição dizia que todos eram iguais perante a lei. Teoricamente, todos tinham na América oportunidade de enriquecer e até se tornarem presidentes da República. Desde que não fossem negros, contudo.

E era no sul que mais agudamente eram percebidas as angústias suscitadas pela coloração da pele das criaturas humanas.

Por isso, muitos negros adotavam uma passiva atitude de servidão e de achar que tudo estava bem. Era a maneira de não se exporem a maus tratos por gente despreparada que, nem sempre por maldade intrínseca, nascera e se criara naquele contexto social perverso e parecia nem perceber que as coisas podiam e deviam ser diferentes. Ademais, em qualquer incidente com um branco, expunham-se os negros a imprevisíveis reações, especialmente quando se mostravam, eventualmente, revoltados ou se assim fossem considerados, a juízo do suposto ofendido.

31

Ainda em 1897, o professor Carver obteve sua primeira vitória significativa. Há muito havia ele diagnosticado o núcleo de problemas criado pela monocultura do algodão, à qual estava acoplado o sistema econômico do sul. Praticamente todo o dinheiro que circulava pelo sul provinha do algodão. Tudo o mais era secundário ou irrelevante. sr. Carver sabia que não era nada fácil mudar esse modelo, mas estava igualmente convencido de que as coisas precisavam mudar e para mudá-las a gente não pode ficar de braços cruzados esperando que aconteçam.

Resolveu, de início, fundar uma estação experimental, nos moldes da que existia no seu saudoso Colégio Estadual de Iowa, ainda que contido pelas precárias condições financeiras de Tuskegee. Na sua estação ele iria ensinar aos alunos a lidarem com outras plantas e experimentaria as que mais facilmente se adaptassem ao solo e às condições locais. A ideia diretora subjacente era a de que se tornara imperioso ensinar que o algodão não era a única planta que Deus havia criado.

Redigiu um memorial e um projeto de lei sobre o assunto. Booker Washington movimentou seu prestígio pessoal e o de seus amigos e conseguiu que a lei fosse submetida à assembleia legislativa estadual e aprovada.

Ficou assim criada a Estação Experimental do Instituto de Tuskegee, à qual foi dotada uma verba de mil e quinhentos dólares para equipamentos e instalações. O instituto se incumbiria de administrar e prestar conta da verba e sr. George W. Carver foi nomeado diretor e químico consultor.

O professor entrou logo em ação, detalhando o programa de trabalho. Consistia seu plano em batalhar pela conservação do solo, pela diversificação das culturas, pelo estímulo à produção de hortaliças junto às casas de família e pela busca de novas utilizações para produtos agrícolas já conhecidos.

Como se pode observar, era um programa vasto e ambicioso, mas, no entender do professor, o mínimo que se poderia fazer para melhorar as condições da gente pobre do sul. O volume de trabalho não assustava. Todos estavam acostumados a uma pesada carga de atribuições, alunos e professores. Muitos daqueles rapazes e moças pagavam os estudos com o próprio trabalho. Eram dez horas, no mínimo, por dia, na dura vida de um colégio pobre, onde tudo faltava, muita coisa precariamente improvisada. À noite, três ou quatro horas eram reservadas para os estudos.

A cada dia, quase que a cada hora, novos estudantes chegavam. Usualmente a pé, sem um centavo no bolso, com a roupa do corpo e famintos. Tudo quanto queriam era estudar. Fariam qualquer sacrifício para aprender alguma coisa. Era difícil, impraticável mesmo, recusar todos aqueles jovens cheios de esperança, sob a alegação – verdadeira, aliás – de que o colégio não comportava mais gente. Tinham que recebê-los, alojá-los de algum jeito, dar-lhes oportunidades de educação e instrução. Quase todos precisavam aprender coisas elementares como usar escovas de dentes, toalhas e lençóis.

Foi esse idealismo compassivo que tornou possível o milagre de Tuskegee que, surgido de dois prédios insuficientes até para a época, transformar-se-ia, em alguns anos, em poderoso gerador de energias criativas, abrindo janelas pelas quais jovens negros podiam sonhar com uma vida mais digna da condição humana de filhos do mesmo Deus que também criou os brancos, os amarelos, os pobres e os ricos, os feios e os bonitos.

Ao deixar o colégio, anos depois, aqueles jovens partiam como semeadores de uma nova semente. O sonho que primeiro se sonhou em Tuskegee começou a espalhar-se pela comunidade negra e até a influenciar os brancos mais sensíveis e atentos à realidade social.

Assim, o professor Carver passou seu primeiro ano no

instituto. Era quantitativamente pouco o que tinha a mostrar, mas já se definira o seu projeto educacional como qualitativamente adequado. Os ideais que haviam inspirado a criação do instituto começavam a ser explicitados e implementados em escala mais ampla e objetiva. Era ali, portanto, que estava a sua missão.

Nas férias, colaborou com várias organizações oficiais, em estudos científicos sobre doenças de plantas; catalogou, em trabalho escrito, as famílias e as diversas variedades de fungos do estado e ainda ajudou a classificar, para um congresso médico, as plantas medicinais existentes na região. Aproveitou este papel para incluir muitas plantas ainda desconhecidas da classe médica e farmacêutica da época.

32

Nesse ínterim, James G. Wilson, antigo professor na Universidade de Iowa e seu amigo pessoal, foi convidado para ser ministro da agricultura. Nas férias, sr. Carver foi a Washington visitá-lo.

Foi grande a alegria dos dois. Ambos haviam galgado importantes patamares na carreira que haviam escolhido e estavam fazendo algo pela sociedade, cada um no seu campo de ação. Sr. Carver aproveitou a oportunidade desse encontro para pedir ao amigo ministro que desse a todo o país uma demonstração de apreço pelo Instituto de Tuskegee, indo até lá para inaugurar o novo edifício do Departamento de Agricultura. Sr. Wilson aceitou o convite. Quando chegou a carta confirmando sua presença, houve um verdadeiro reboliço no instituto. Muita gente começou a olhar o professor Carver com renovado respeito. Ali estava um homem que conseguira o milagre de trazer o ministro da agricultura a Tuskegee para ver o que os negros estavam fazendo pela educação de sua gente.

Sr. Wilson foi recebido com generosas manifestações de amizade. Ao inaugurar o novo prédio dedicado ao ensino da agricultura, iniciou uma nova era para as pessoas negras.

George Washington Carver sabia agora que estava na trilha certa. Descobrira, afinal, que planos Deus tinha para ele. Nada mais poderia desejar senão trabalhar para sua gente, justamente naquilo que ele mais amava e entendia: as belezas e segredos da natureza.

Em pouco tempo seu prestígio estava definitivamente consolidado e Booker Washington dizia com satisfação que ele "era um dos maiores homens que Deus jamais havia criado. Que bom seria que tivéssemos uma meia dúzia de gente como ele".

As dificuldades que aquele trabalho lhe impunham constituíam um desafio a mais a ser vencido. Eram escassos, quase inexistentes os recursos para equipamentos e demais despesas de pesquisa, porque a escola, em período de incontida expansão, tinha de comportar-se dentro de um severo regime de prioridades. Era impraticável desviar verbas para adquirir mesmo os poucos equipamentos de que o professor Carver necessitava para seu modesto laboratório. Mas ele estava acostumado a improvisar e muito do que precisava conseguia fazer com suas próprias mãos, aproveitando-se de qualquer material aparentemente inútil.

Além do mais, parece que às vezes recebia ajuda de misteriosas origens, como naquele episódio do canivete, na infância. Uma dessas interferências enigmáticas ocorreu quando ele estava tentando produzir as lixas de que necessitava para certos trabalhos de laboratório. Certa noite, deitou-se para dormir e sonhou. No sonho, ele via uma oficina ambulante, onde um homem estava colocando roda num veículo. O professor, sempre em sonho, aproximou-se e perguntou-lhe se ele sabia fazer lixa.

– Sei – foi a resposta.

E calou-se. Sr. Carver respeitou o silêncio do outro, mas estava decidido a não perder a oportunidade, pois ali estava uma pessoa que sabia como fazer lixa e ele precisava desse material para trabalhar.

– Bem – disse o professor –, então eu vou dizer como é que eu acho que deve ser.

E contou minuciosamente o que vinha fazendo na tentativa de obter as lixas. Quando terminou, o homem, sempre trabalhando na roda, respondeu:

– Está tudo certo. A única coisa que faltou é que você não ferveu a areia.

E, assim, ao acordar, pela manhã, o professor Carver estava com o problema das lixas resolvido.

Muita coisa era obtida mais com criatividade do que a partir de recursos materiais adequados. Sua 'campainha' de aula, por exemplo, era uma ferradura velha, montada numa barra de ferro. No laboratório, utilizavam-se de garrafas serradas ao meio, para guardar líquidos. As peneiras eram feitas de lata usada, meticulosamente furada a prego. Raramente trabalhava com um lápis novo; recolhia os pedaços jogados fora e fazia um prolongador que o permitia usar o toquinho de lápis até que não houvesse mais onde prendê-lo. Como nos distantes dias da infância, todas suas coisas eram mantidas em ordem e com limpeza. Numa caixa guardava, por exemplo, barbantes embaraçados, e noutra, os pedaços já arrumados e enrolados em ordem. Costumava mostrar as duas caixinhas aos alunos para explicar que uma delas era a ignorância, a outra, a inteligência.

Era paciente e dotado de espantosa inteligência. Não se limitava a ensinar a matéria curricular; ele entendia o aprendizado como um projeto coletivo de vida, do qual professor e alunos participassem ativamente, vencendo dificuldades, debatendo problemas, buscando soluções como uma só equipe. Era uma guerra santa contra a ignorância, na qual todos tinham de empenhar-se. Costumava dizer, que quanto mais ignorantes somos, menos utilidade temos para Deus. A presença de Deus foi, aliás, uma constante na sua existência, não tanto em manifestações ostensivas de culto, nesta ou naquela seita religiosa, mas nas tarefas do dia-a-dia e, especialmente, no seu pequeno universo mágico do laboratório.

Sabia ser severo, quando necessário. Não tolerava preguiça ou desleixo. Não admitia que se dissesse ou fizesse algo 'mais ou menos' – uma coisa só podia estar certa ou não. Nada de meio certa, meio errada, meio bem feita, meio mal feita.

Se, ao saltar uma vala de dois metros de largura, pular apenas um metro e oitenta, você cai no buraco. Não adianta pular 'mais ou menos'.

Seus métodos de ensino eram um tanto diferentes dos utilizados pelos demais professores, seu colegas. Ele tinha ideias muito pessoais a respeito da sua tarefa. As aulas de botânica, por exemplo, eram dadas a seu modo e não como recomendavam os livros didáticos. Isso porque ele achava que os livros haviam sido escritos para botânicos já formados e não para alunos que ainda desconheciam a matéria. Os textos pareciam-lhe confusos, um emaranhado de informações teóricas de difícil entendimento. Se o objetivo era o de estudar plantas, por que não pegá-las e estudá-las ao vivo, em todas as suas minúcias? Automaticamente elas se ajuntariam em grupos e em famílias e o estudante ficaria sabendo de suas relações com as outras plantas, suas propriedades comuns, suas necessidades específicas para este ou aquele tipo de solo.

Com esse método, os alunos iam aprendendo por descobertas sucessivas, surpreendendo os segredos de cada planta, sem a preocupação de decorar nomes científicos ou teorias pessoais de cada autor. Daí porque o professor Carver tratou logo de escrever um livro a seu jeito para ensinar botânica, de modo que todos entendessem o que lhes estava sendo apresentado. Cuidou de descrever separadamente árvores, arbustos, hortaliças e demais plantas de cultivo nas fazendas da região. Nada de desnecessários termos técnicos naquela fase. É verdade que indicava o nome latino das plantas, como de praxe, mas como simples complemento, não como principal identificação da planta. Era o nome vulgar, pelo qual a planta fosse conhecida, que tinha suas preferências. Descrevia seu aspecto, como é que ela vivia, as doenças que poderiam atacá-la, como tratar dessas doenças e para que servia a planta.

Isso estava em desacordo com a metodologia de ensino da época. Era costume o aluno aprender primeiro o nome científico da planta seguido de uma breve descrição dela. No ano seguinte, ou daí a meses, seriam estudadas as doenças que poderiam afetá-las ou os insetos e demais predadores que poderiam destruí-la, e assim por diante. Desse modo, anos se passariam até que o estudante tivesse uma visão mais completa de cada espécie.

33

Estava, agora, em pleno funcionamento a estação experimental criada pelo professor Carver. Os estudantes aprendiam ali o que fazer para recuperar o solo esgotado pelas culturas irracionais. Aprendiam como plantar melhor para colher melhores e mais abundantes produtos. Mas os recursos continuavam escassos e muitos projetos ficavam apenas na vontade do professor e de seus alunos.

Booker Washington resolveu apelar para uma grande empresa, pedindo donativos, não em dinheiro, mas em adubos químicos. A resposta foi uma surpresa agradável. A empresa dizia, em sua carta, que estaria de acordo em ajudar a escola, mas, com objetiva franqueza, alegava que só havia um homem capaz de dar conta de um projeto científico daquele porte, que esse homem se chamava George Washington Carver e, infelizmente, vivia no estado de Iowa. Seguiu, imediatamente, outra carta de Booker Washington, para dizer, triunfalmente, que o homem indicado estava ali mesmo, em Tuskegee, para dirigir as experiências.

Ganharam o adubo e começaram logo a trabalhar. Os resultados foram bons, mas não agradaram de todo ao eminente professor. Primeiro, porque o solo estava de fato esgotado e, segundo, porque o professor Carver sabia que os agricultores da região não dispunham de recursos suficientes para adquirir adubos químicos, que eram caros. Adubos naturais eram a melhor opção, mas não havia animais suficientes nas pequenas propriedades para produzir a quantidade necessária. Que fazer, então?

De uma coisa o professor estava certo: tinha de resolver o problema de modo a permitir que o homem pobre do campo pudesse ter acesso a fertilizantes baratos.

A resposta não demorou muito.

Certa vez, ao procurar, numa pilha de lixo, latas velhas, vidros e pedaços de arame para o seu laboratório, o professor Carver deu com um belíssimo pé de abóbora, cheio de vida e saúde. Ali estava a resposta que ele procurava e a lição que lera no próprio livro da natureza foi logo aproveitada.

O terreno era tão ruim naquele local que só servia mesmo de lixeira. Mas, se uma semente de abóbora conseguira germinar e se desenvolver ali com toda aquela força, era preciso entender o que significava aquele importante recado. O professor Carver reuniu a sua turma e começaram a trabalhar no monte de lixo. Capinaram, retiraram pedras, vidros e metais, deixando somente a matéria orgânica. Em seguida, plantaram em pleno lixo, cebolas, melancia, batata e milho.

Enquanto esperavam as plantas crescerem, ele determinou que se iniciasse logo outra pilha de lixo, desta vez de maneira metódica e controlada. Preparou-se uma depressão no terreno e ali dentro começaram a despejar papéis velhos, trapos, folhas de árvores, mato, tudo quanto pudesse facilmente decompor-se. No fim de algum tempo, cobriram tudo aquilo com uma camada de terra e, quando tudo estava bem decomposto, usaram a substância como adubo natural para corrigir deficiências das terras áridas.

Simultaneamente, o professor começou a mudar a distribuição das plantações, estabelecendo um regime de rotatividade. Outro problema estava em que muitas plantas se nutriam do nitrogênio natural do solo. Custava ao agricultor dezessete centavos a libra de nitrogênio para repor a quantidade consumida por essas plantas. Havia, contudo, plantas que, em vez de retirar, punham nitrogênio no solo, como o feijão, a ervilha e amendoim, por exemplo, que recorriam ao nitrogênio existente na atmosfera.

34

FALTAVA AINDA UM ELO nos processos que ele vinha criando no instituto. É que essas coisas ele ensinava nas aulas, mas ele desejava que os agricultores da região viessem ver com seus próprios olhos o que era possível fazer, sem gastar dinheiro com fertilizantes industrializados. É verdade que o instituto poderia publicar folhetos e boletins contando o resultado das experiências do professor, mas eram poucos os que sabiam ler, especialmente entre os que mais precisavam aprender coisas como aquelas.

Por isso, o professor queria que os agricultores viessem até a escola para que ele próprio os ensinasse, de viva voz, como conseguir resultados iguais àqueles que estava obtendo ali. Era preciso, ainda, estimular aquelas pessoas a plantarem alguma coisa em volta de suas pobres habitações, a fim de conseguirem alimentação mais rica e variada, com verduras e legumes frescos, libertando-se aos poucos da limitada dieta dos chamados três "m" (*meat, meal and molasses*), ou seja, carne, cereal e melado.

No entanto, a economia do sul continuava atrelada ao algodão. Tudo dependia do algodão, inclusive as pessoas, principalmente os pobres, que viviam um dilema – ou cuidavam do algodão ou morreriam de fome. Era preciso quebrar aquele círculo vicioso.

Aí estava, pois, a próxima tarefa do professor Carver. Enquanto não conseguia implantar suas ideias, claramente revolucionárias para a época, o recurso estava em concentrar-se no estudo do próprio algodão, a fim de melhorar sua produção, já que era de tão vital importância para a economia do sul.

Era inaceitável, por exemplo, que se conseguisse apenas duas bolas de algodão em cada arbusto. Certamente haveria jeito de produzir mais fibra e de melhor qualidade.

Em 1909 já o professor Carver havia conseguido quatro variedades novas de algodoeiro, cada uma com suas características próprias. Um deles, por exemplo, se adaptava melhor às terras arenosas; outro dava fibras mais longas. Em todos eles a produtividade havia aumentado. Passou a ser comum colher-se quatro bolas de algodão em vez das duas a que estavam acostumado desde muitos anos. Tais melhorias eram obtidas sem o emprego de fertilizantes químicos.

Foi a partir desses dramáticos resultados que os agricultores ficaram impressionados e passaram a prestar mais atenção àquele estranho homem que parecia fazer milagres com as plantas. Quem era, afinal, aquele professor que nunca plantara um pé de algodão e entendia mais de algodão do que eles que pensavam saber de tudo a respeito da planta?

Informada dessas novidades, muita gente passou a escrever ao instituto, interessada em aprender as novas técnicas. Suscitada a curiosidade, queriam conhecer a estação experimental a fim de que o professor lhes explicasse como fazer as coisas. A todos que escreviam, o instituto mandava pelo correio um pacote contendo sementes do novo tipo de algodão e instruções impressas num folheto sobre a maneira de conseguir os mesmos resultados que o professor obtinha na sua estação.

Outros lhe enviavam amostras do solo para análise. Alguns mandavam plantas atacadas de doenças para serem examinadas. Outros mais pediam conselhos sobre a melhor maneira de usar adubos. Por isso, as cartas começaram a chegar em quantidade cada vez maior e o professor nunca deixava nenhuma delas sem resposta, porque era esse justamente seu objetivo na vida: o de ajudar aquela gente a levantar-se da servidão e descobrir que eram seres humanos como qualquer outro.

Muitos vinham pessoalmente, de grandes distâncias, sob chuva e sol, para pedir conselhos, sugestões, informações e ensinamentos do professor Carver. Queriam aprender coisas novas, desde receitas para curar animais doentes até métodos mais práticos para obter manteiga e queijo.

Estabeleceu-se o costume de receber os agricultores da região na terceira terça-feira de cada mês. Vinham em grupos, alguns com as famílias e acampavam por ali mesmo. Olhavam em torno, faziam perguntas e observavam tudo quanto podiam. Depois se reuniam para discutir seus problemas e ouvir o que o professor Carver tinha a dizer-lhes. A tônica dessas conversas era sempre a mesma: recuperação do solo e diversificação das culturas. Ele lhes mostrava diversas plantas como alternativas de cultivo e discorria sobre o tipo de solo que cada uma preferia.

Quando via uma fumaceira no horizonte, dizia: "Lá se vão alguns milhões de dólares pelo ar. Vejam só: em vez colocarem húmus novo no solo, queimam o pouco que ainda lhe resta".

A conversa nunca era uma dissertação teórica recheada de termos técnicos e propostas inviáveis. O professor Carver procurava falar em linguagem que todos entendessem e tinha resultados práticos para mostrar a todos aqueles homens rudes. Havia repolhos que pesavam quase dez quilos, cebolas gigantescas e melancias grandes como eles nunca tinham visto iguais.

Na verdade, no primeiro ano, a Estação Experimental dera um prejuízo de dois dólares e meio por acre de terra cultivada, mesmo porque estava tudo praticamente por fazer, mas, no segundo ano, a curva inverteu-se e o lucro é que foi de dois dólares e cinquenta por acre. Em sete anos, o lucro passaria a ser de setenta e cinco dólares e a produção de batata doce subira de quatro *bushels*⁶ por acre, à incrível quantidade de 266 *bushels* por acre. Quanto ao algodão, cuja produção inicial foi de um fardo para cada três acres de terra, passou a ser de um fardo e um quarto para cada acre.

Foi por essa época que começaram as feiras de amostras para que todos pudessem ver o que o negro estava fazendo e do que era capaz, inclusive e principalmente, ao próprio negro. No princípio foi tudo muito modesto. Mostravam plantas, seus produtos, trabalhos manuais, animais de raça mais apurada e mais bem tratada. No fim de algum tempo, a coisa cresceu tanto que o instituto foi convidado a participar da feira estadual, na capital.

---

[6] O bushel é uma medida de capacidade para produtos não-líquidos, como cereais, frutas, batata e outros e equivale a pouco mais de 35 litros.

35

Tiveram incremento semelhante as festividades e cerimônias de abertura de cada ano letivo, que passou a atrair grande quantidade de gente. Compareciam os pais e os parentes dos alunos, mas vinham também os que apenas queriam ver o que estava sendo feito no instituto. Chegavam em grupos, a pé, a cavalo ou em carros de bois. Acampavam e ficavam para as comemorações, comendo churrasco e frutas e andando pelos campos.

    O professor Carver até que tinha lá suas preocupações com a grande movimentação, porque nem todos eram cuidadosos como deviam com as suas plantas e algumas delas sofriam maus tratos. Graças ao seu trabalho e ao seu incentivo, crescia grama por toda parte e o colégio tinha uma aparência muito melhor do que anos antes. Novos edifícios haviam sido construídos agora nos gramados, havia árvores e flores na primavera.

Em 1905, no início do ano letivo, o presidente Theodore Roosevelt visitou o colégio. Foi uma festa inesquecível. Roosevelt gostava de ajudar os negros e era amigo pessoal do professor Booker T. Washington. Muita gente não aprovava essa amizade dele com o líder negro que "não conhecia seu lugar". Houve até um incidente mais ou menos sério certa vez que Roosevelt convidou o professor Booker para ir até a Casa Branca, onde podiam conversar com mais calma sobre problemas pelos quais ambos se interessavam. Houve uma onda de protestos pelos jornais e princípios de distúrbios mais sérios no sul.

A visita do presidente a Tuskegee chamou a atenção da imprensa e do povo para o excelente trabalho que se realizava ali. Outras visitas de gente célebre se seguiram e as pessoas dotadas de fortuna começaram a fazer substanciais doações em dinheiro ao instituto, ao se certificarem de que não apenas era importante o trabalho ali desenvolvido, como também realizado com a maior seriedade e devotamento.

O instituto começou a projetar-se fora do país. Vinha gente de fora dos Estados Unidos interessada em conhecer o trabalho que estava sendo feito ali. Um cidadão negro da África, por nome Aggrey, queria mesmo levar o professor Carver para o seu país. Dizia que um homem como sr. Carver, com recursos suficientes nas mãos, poderia fazer verdadeiros milagres. Na África, dizia ele, seus irmãos negros "dormiam em cima de acres de diamantes". Certamente a

África teria hoje outro perfil econômico, social e político, se o professor Carver tivesse ido para lá no início do século XX, ainda mais com recursos suficientes para fazer suas experimentações e desenvolver seus projetos salvadores. Ele deve ter entendido, porém, que seu lugar era ali mesmo, entre seus irmãos miseráveis do sul, no meio dos quais nascera e para os quais nascera. Para poder desempenhar a contento sua missão, viera lá dos últimos degraus da escala social, conhecia todas as dificuldades, as frustrações, os desencantos, as dores e as fomes de sua gente. E, no entanto, nunca, mas nunca mesmo, deixou-se contaminar pelo ódio e pelo desejo de retaliação, sequer por algum sentimento inferior de revolta que até seria de compreender-se numa pessoa que passara por tantas dificuldades e humilhações.

O senhor Aggrey foi gentilmente recebido no instituto e de lá partiu com todas as informações que desejou colher. De volta ao seu país criou uma escola nos moldes da que tanto sucesso vinha obtendo em Tuskegee.

O sonho do professor Carver não era o de amalgamar os dois grupos, brancos e negros, mas fazê-las trabalharem harmonicamente. Como costumava dizer, a gente pode tocar música só nas teclas brancas do piano, como tocá-la usando apenas as pretas, mas a harmonia só se obtém tocando brancas e pretas juntamente.

36

Nos fins de semana, o professor Carver adotara estranha maneira de descansar. Apanhava as maletas com as suas plantinhas e seu material de demonstrações e saía a visitar os agricultores espalhados pela região. Chegava, cumprimentava-os cordialmente e passava algumas horas com eles e suas famílias, discutindo problemas, ensinando e aconselhando.

Algumas das novas ideias já estavam alcançando aquelas rudes criaturas, às quais ninguém até então dera o mínimo de assistência. Eles começavam a prestar atenção às hortaliças e à criação de galinhas. Já sabiam como conservar alimentos para o inverno.

O professor era sempre bem recebido nas pequenas propriedades e, embora tratado inicialmente com certa cerimônia, logo ele conseguia colocar todos à vontade, com suas maneiras simples e afáveis. Sentava-se à mesa com eles e frequentemente passava a noite nas suas casinhas pobres mas acolhedoras. Pela manhã, até ia às suas igrejas com seus hospedeiros eventuais. É que o professor nunca se preocupou em saber em que igreja estava entrando – ele sabia que Deus estaria em qualquer delas se estivesse também no coração da gente.

Sua bondade e sua sabedoria granjeavam respeito e admiração. Aproveitava para ensinar também como deviam ser cuidados os animais. Não podia ver, por exemplo, alguém carregando galinhas de cabeça para baixo, amarradas pelos pés a um varal, como de hábito.

– Já se imaginou você numa posição dessas? – perguntava ele ao carregador.

E implorava para que fizessem uma caixa a fim de transportar as pobres aves. Se estivesse fazendo calor, pusessem menor quantidade de galinhas em cada caixa – ensinava – a fim de que elas pudessem deitar-se.

Nessas visitas, porém, ele se entristecia com a pobreza e a feiura das casas onde morava sua gente. Não possuíam enfeites, pouca ou nenhuma flor, nenhuma planta ornamental, paredes velhas, mal cuidadas e enegrecidas. O pior mesmo eram aquelas paredes. Era necessário descobrir-se alguma substância barata e fácil de obter-se para dar um aspecto melhor àquelas casas... Ele entendia que, se isso fosse conseguido, as pessoas também ficariam mais alegres e otimistas e talvez melhorassem de vida.

Era um dos numerosos problemas que ele levava na mente, sempre alerta para qualquer ideia criativa que pudesse surgir na inspiração do momento. Para pensar em problemas como esse, ele tinha o hábito de levantar-se bem cedo, aí pelas quatro horas da manhã, para caminhar pelos campos, estudando no silêncio e na solidão das madrugadas. Dizia que assim poderia entender melhor as lições que a natureza tinha a ensinar. Nenhum espetáculo se comparava, para ele, ao oferecido pelos campos e bosques antes do nascer do sol. Naquela hora mágica, ele compreendia melhor o que Deus pretendia fazer com ele. "Quando os outros ainda estão dormindo, ouço melhor a Deus e descubro seus planos" – comentava.

Numa dessas manhãs, a atenção do professor foi despertada para as diferentes cores das argilas. Lá estavam elas como simples barro ao qual ninguém dava importância. Será que Deus havia feito aquelas cores tão bonitas sem finalidade alguma? Não era possível.

Retirou amostras de todas as que encontrou e as levou para o laboratório. No fim de algum tempo, tinha encontrado a desejada resposta. As cores serviam para pintar as casas humildes da gente pobre. Era só eliminar a areia contida na argila. Como? Facílimo: dissolvia-se o barro na água, mexendo a solução até ficar a água bem turva. Aí, então, despejava-se a água em outra vasilha, enquanto a areia ficava depositada no fundo e a argila saía purinha, na cor natural em que estivera nos barrancos. Com essas cores qualquer um poderia mudar o aspecto da sua casa, por mais modesta que fosse. Além do mais, as cores da argila haviam passado, sem nunca descorar, o teste dos milênios.

Mas ele não parou aí. Se as casas eram de madeira, era preciso um fixador para evitar que ela escorresse e fosse lavada pela chuva. Isso poderia ser feito com a goma do arroz ou de alguma farinha. O professor já havia conseguido uma espécie de anil da batata doce. Combinando, agora, esse anil com o amarelo natural das suas argilas, ele conseguiu uma bela tonalidade de verde. Na verdade, obteria ao todo, vinte e sete combinações de cores, usando matéria prima que qualquer pessoa poderia encontrar e métodos rudimentares de preparação.

Entusiasmado pelos resultados com as argilas, entrou a fazer tintas para seus próprios quadros. Se aquelas cores haviam durado milhões de anos nos barrancos, durariam também muito tempo nas suas telas. E fez uma porção delas a partir dos elementos naturais que a terra tinha a oferecer.

Aliás, com as suas argilas e usando apenas os dedos, sem pincel, ele pintou um quadro de pêssegos que chegou a ser procurado pelas galerias Luxemburgo, de Paris.

Numa das suas viagens a cavalo, descobriu um barro vermelho. Sabia que deveria haver ali algum azul, que acabou isolando, como previra. Havia chegado ao índigo, cor disputada, valiosa, que os químicos do mundo inteiro viviam procurando em seus laboratórios movidos pelo ideal de produzir a nobre tonalidade a partir de substâncias baratas e abundantes. Nada poderia preencher melhor tais especificações do que o barro. A descoberta do professor Carver foi uma revelação. O terreno onde ele conseguira sua amostra pertencia a um grupo empresarial da cidade de Montgomery e não valia quase nada. Na verdade, estava até à venda por meros setecentos dólares.

Outra pessoa que não fosse o professor Carver teria ficado rico, mas seu objetivo na vida não era esse, mas o de trabalhar para que não houvesse tantos pobres. Logo a notícia espalhou-se e a venda do terreno foi cancelada. Não havia agora dinheiro que pagasse aquele pedaço de terra que continha o raro azul índigo, cujo uso se difundiria pelo mundo todo, nas calças jeans, além de saias, blusas, bolsas etc.

Mas a história das cores não estava ainda encerrada. Um dia apresentou-se ao laboratório do professor o representante de um industrial do norte que desejava ver as tintas que ele retirara das suas argilas.

O professor recebeu o homem com a sua habitual simplicidade e cortesia e, entre outras cores, mostrou-lhe o azul, pelo qual o homem ficou profundamente impressionado.

– Dr. Carver – disse-lhe o homem –, esse azul é setenta e cinco vezes mais azul do que qualquer outro conhecido. Queremos industrializá-lo e vendê-lo.

A resposta foi negativa. Suas descobertas destinavam-se a ajudar os outros e, portanto, pertenciam a todos indiscriminadamente. Queria coisas que todos pudessem fazer em casa e usar à vontade, coisas que não estivessem presas a contratos, patentes, direitos ou restrições de qualquer espécie. Uma vez industrializado, seu azul seria vendido por alto preço e estaria fora do alcance dos pobres para os quais fora descoberto. Além do mais, ele não pretendia ficar rico. Para quê?

Como jamais cuidou de proteger seus inventos e descobertas com patentes, um ano depois, seu azul foi lançado no mercado. O professor Carver não se importou com isso; tinha mais o que fazer na programação de descobrir coisas simples e baratas ao alcance de qualquer pessoa humilde e pobre.

Era assim que, a partir de suas andanças pelos campos e pelas cabanas na região, a natureza revelava ao professor aquilo que Deus desejava que ele fizesse.

37

Em 1898, o professor Carver publicou seu primeiro boletim sobre a batata doce. Tinha suas razões para ver grandes possibilidades no cultivo e na industrialização do tubérculo. Ele mesmo começou a plantá-la experimentalmente para que, melhorando a produtividade, pudesse ensinar novos métodos aos agricultores. De fato, no princípio, somente conseguiu trinta e sete *bushels* de batata para cada acre de terra, mas, após a aplicação racional dos seus métodos, a produção deu um salto para 266 *bushels* por acre.

A batata doce continha recursos desconhecidos e até insuspeitados e, como um mágico, o professor começou a retirar dela coisas incríveis. Primeiro, ensinou o homem do campo a desidratá-la, ou seja extrair dela toda a água que contivesse a fim de evitar a fermentação e consequente apodrecimento. Como sempre acontecia com suas descobertas, o método era simples – bastava secar as raízes ao sol.

Aquilo, porém, era só o começo. De suas meticulosas análises de laboratório, descobriu que em, cada cem quilos de batata doce, havia sessenta e nove de água, um quilo de cinzas, trinta de açúcar, goma, celulose, gorduras e outros ingredientes menores.

– O açúcar e a celulose – declarou ele na Conferência dos Agricultores, em 1905 – são compostos de carbono, hidrogênio e oxigênio. A água (hidrogênio mais oxigênio) provém da atmosfera; podemos ver, portanto, que tudo, exceto um quilo em cem de batata doce, provém do ar atmosférico".

Por conseguinte, a batata tirava muito pouca coisa do solo e, certamente, não contribuía de modo sensível para esgotar a terra em que fosse plantada.

Constituía, portanto, uma das plantas indicadas para o solo cansado e que não poderia aguentar por muito tempo, sem fertilizantes, o cultivo único do algodão.

Por outro lado, do açúcar e da goma se podia fazer uma porção de outras coisas. Como muitas das mulheres dos lavradores ganhavam um dinheirinho extra como lavadeiras, o professor ensinava um processo simples e caseiro de obter a hoje esquecida goma de passar roupa, a partir da batata doce.

Muita coisa, contudo, ainda estava para ser retirada da batata doce, como se veria. Algum tempo depois, ele pegou também o amendoim para ver o que ele continha. Veremos isso, daqui a pouco.

38

Já naquele tempo, aí pelo fim do século dezenove, falava-se em conflito entre religião e ciência, e, como hoje, muita gente mal informada costumava dizer que quanto mais progredia a ciência, mais as pessoas afastavam-se de Deus.

Não era essa, contudo, a convicção do professor Carver. Ele pensava justamente ao contrário, que a ciência cada vez mais nos aproxima de Deus, porque confirma sua sabedoria e revela os mistérios das coisas que ele criou e as leis que fazem o universo funcionar.

Com o tempo, os alunos pediram ao professor que, além das aulas sobre técnicas agrícolas, lhes falasse também de religião, explicando na sua linguagem viva e sábia, os ensinamentos contidos na Bíblia, que ele conhecia como poucos.

As palestras começaram em pequenos grupos e foram atraindo mais e mais alunos, até que cerca de trezentos jovens passaram a comparecer às aulas de religião do professor Carver. Não precisava forçar ninguém a frequentá-las. Em verdade, houve até um pequeno incidente por causa dessa afluência espontânea de estudantes às palestras de Carver. É que um dos professores 'oficiais' de religião foi queixar-se ao diretor do colégio de que o método pelo qual o professor Carver ensinava a Bíblia não estava de acordo com a teologia ortodoxa, ou seja, com o jeito que todos aprendiam nas igrejas.

Acontece que só assistia às aulas quem quisesse. Havia inteira liberdade de ir ou não ir e há três anos as salas estavam sempre lotadas não só de alunos como de outros professores. O diretor fez algumas perguntas ao queixoso e concluiu, com sabedoria:

– Meu amigo, sempre tivemos de obrigar os estudantes a frequentarem aulas de religião aqui no colégio. Agora, se eles estão comparecendo espontaneamente, às aulas do professor Carver, há três anos, quase que em massa, acho melhor você deixar as coisas como estão.

Com isso ficou encerrado o assunto e o professor pôde prosseguir tranquilamente suas narrativas, seus comentários e suas coloridas ilustrações da história sagrada.

39

Quem convivia mais intimamente com o professor Carver notava nele algumas peculiaridades e certas manias inocentes. Uma delas era a pontualidade. Fazia questão absoluta de chegar à hora certa a todos os compromissos que marcava e de começar no exato minuto suas aulas, bem como de dispor de tempo e hora para tudo quanto desejasse e precisasse fazer. E fazia questão de ser tratado da mesma maneira. Quem marcava compromissos com ele, já sabia: tinha de cumprir rigorosamente o horário.

Outra coisa: não gostava de que ninguém lhe prestasse serviços pessoais. Mesmo depois de se tornar o famoso professor que era, carregava a água de que precisasse, ele mesmo esfregava o chão até ficar limpo como queria que ficasse. Diziam-lhe que os professores não precisavam fazer coisas como aquelas, mas ele respondia que sempre havia cuidado da limpeza de seus aposentos e continuaria a fazê-lo. Por que razão não poderia lavar o assoalho do seu quarto?

Por outro lado, não ligava a mínima importância à roupa, sempre deselegante – em parte por causa dos ombros caídos –, velhas e deformadas, ainda que sempre limpas. Em vez de comprar uma roupa razoável por vinte dólares, por exemplo, ele comprava qualquer uma de apenas oito. Quando chegava o verão, ele punha a roupa de inverno nas malas e começava a usar as mais frescas, sem ao menos passá-las ou mandar arrumar um ou outro defeito. Quanto aos botões e remendos ele mesmo cuidava disso.

Nas justas homenagens que lhe prestaram nos últimos anos de sua vida, sr. Curtis, o único assistente que ele aceitara depois de numerosas tentativas frustradas, convenceu-o não apenas a comparecer como a vestir-se da melhor maneira possível. O velho professor escolheu seu terno predileto – o que vestira ao terminar o curso no colégio de Iowa, quarenta anos antes. Interpelado delicadamente, respondeu que a roupa tinha para ele inestimável valor sentimental – fora aquela que seus colegas estudantes lhe deram de presente, depois de induzi-lo – quase forçá-lo a entrar numa loja.

Suas respostas a uma ou outra observação ou comentário eram desconcertantes e desarmavam qualquer pessoa.

– Mas, professor, como é que o senhor foi tirar retrato com esse colarinho de xadrez?

– Muito simples: era o que eu estava usando na hora.

De outra vez, preparava-se para ir a Washington para

um encontro importante, quando alguém lhe perguntou escandalizado:

– Professor, o senhor não vai botar um terno novo?

– Não – foi a resposta. – Eu não vou lá para mostrar minhas roupas. Vou apenas para ter um encontro com o ministro da agricultura.

Ou ainda:

– Professor, o senhor não vai por um terno novo para ir à reunião dos pais dos alunos?

– Ué! – admirava-se. – Pensei que eles tinham me convidado. Se quiserem apenas ver meus ternos, podem vir ao meu quarto que lhes mostrarei um ou dois deles.

E era um ou dois mesmo, pois não via necessidade de ter um monte de roupa nos seus modestos guardados.

Só uma coisa poderia distinguir imediatamente o professor Carver de qualquer outra pessoa: na lapela do seu paletó, havia sempre uma flor natural, fresca, que ele renovava diariamente. Queria ter sempre junto dele alguma das pequenas criaturas perfumadas da natureza.

A partir do início do século vinte, já estava ficando difícil esconder por trás de sua invariável modéstia toda a pujança de seu gênio, o que ele era, de fato e de direito, não apenas pelo poder de sua inteligência privilegiada como pela bondade e pureza inatas de seu coração.

Não foi surpresa para ninguém, portanto, quando uma publicação por nome "Aurora" o caracterizou como um "gênio que vive em íntimo contacto com a natureza. Uma enciclopédia, embora modesto..."

Em breve, sua fama espalhava-se por toda parte. Começava o reconhecimento público de sua extraordinária competência profissional. Pelo crescente volume da correspondência que lhe chegava ao instituto, era possível avaliar as repercussões de seu trabalho. Ninguém ficava, aliás, sem resposta.

40

ÀS VEZES – poucas vezes – o professor Carver e o professor Booker Washington discordavam. Eram homens de talento e recursos pessoais diferentes, lutando lado a lado pelos mesmos ideais e objetivos. Não era de esperar-se, contudo, que pensassem da mesma maneira em tudo quanto lhes solicitasse a atenção.

Washington era homem de gestos largos e dramáticos e não perdia a oportunidade de obter alguma atenção para o seu colégio, mesmo porque dependia do apoio de muitos para levar a bom termo a sua tarefa gigantesca de manter um colégio para estudantes negros naquela época.

Já o professor Carver, naturalmente reservado, até meio tímido, era um homem quieto, sempre ocupado com suas ideias e seus projetos.

Houve, certa vez, um desentendimento mais sério entre eles. O professor Carver havia escrito um papel técnico sobre a batata doce, um dos seus projetos do momento. Segundo as normas do colégio, o documento teria que passar antes pelo diretor, a fim de ser aprovada sua publicação. Notou, porém, sr. Washington, que o estudo declarava como desconhecida a origem da batata doce.

O diretor mandou chamar sr. Carver e pediu-lhe uma confirmação:

– É verdade que ninguém sabe de onde vem a batata doce?

– É verdade – disse Carver.

– Então vamos, porque ela se origina em nosso município.

E começou a escrever: Macon County. Carver interrompeu-o prontamente:

– Não, sr. Washington. Isso é um documento científico e a gente não pode fazer tais coisas com ele. Se o senhor quiser assiná-lo, pode escrever o que quiser, mas, se desejar que eu o assine, não posso permitir essa alteração no texto.

– Mas, por quê? Se ninguém sabe, vamos dizer que foi aqui e pronto.

– Não, senhor. Não posso concordar. E se depois, lá fora, alguém provar que a batata doce não pode ter tido suas origens aqui? Já imaginou a campanha que fariam contra o instituto?

Booker Washington calou-se e desistiu de reivindicar a origem da batata doce para o condado de Macon.

41

Pois mesmo esse homem excepcional, tão acima da média humana em inteligência e cultura, como em caráter e moral, também tinha sua triste quota de adversários, inclusive entre a sua própria gente, pela qual vivia, lutava e trabalhava sem cessar.

No início de sua carreira no instituto, até o irmão do professor Washington teve sérios desentendimentos com o jovem professor. Um dia, por exemplo, não havia jeito de se obter manteiga do leite, na sua forma habitual. Por mais que batessem e sovassem o leite, a manteiga não se separava. O professor Carver foi chamado a opinar. Veio, examinou, experimentou e nada de manteiga. O irmão de Washington não perdoou. Não era ele o professor Carver, o homem que sabia de tudo? Por que não resolvia problema tão simples de como obter manteiga de uma quantidade de leite?

Carver percebeu logo que o mistério não estava ali, tinha de estar noutro lugar. Decidiu dar uma espiada no curral para ver o que os rapazes haviam feito com o leite.

Washington redobrou suas críticas. Não tinha nada que ir ao curral; o negócio era ali mesmo; ele é que não sabia o que estava fazendo.

Já um tanto incomodado, o professor Carver perguntou-lhe:

– Bem, quero ver o aconteceu no curral com esse leite. O senhor tem alguma coisa a opor?

Dito isto, saiu e, certamente, descobriu as causas do incidente.

Mesmo após alguns anos no instituto, ele ainda era considerado por alguns com certas reservas e até desconfiança: era nortista, um estranho no ninho. Não se apagara de todo no coração de muitos o rancor de irmão contra irmão, gente do mesmo país e da mesma cor que os separava dos brancos. Havia um ódio subterrâneo, irracional apenas porque alguns haviam nascido mais ao norte do país e outros no sul. Às vezes, havia dessas rivalidades e diferenças na mesma família e não raro o problema desaguava em tragédia e sofrimento inútil.

Havia, assim, os que tudo fariam para fazê-lo fracassar em suas experiências ou cometer algum erro mais grave que o desmoralizasse.

Um grupo desses inimigos gratuitos resolveu acabar de uma vez por todas com o prestígio do professor. Escolheram como tema, a própria botânica. Estavam decididos a provar que ele não entendia nada daquilo e não sabia o que estava dizendo. Achavam que suas viagens a Washington para conversar com o amigo ministro foram demais para a sua vaidade que se ocultaria fingidamente atrás da aparente modéstia. Tinham de desmascará-lo.

Organizou-se, então, uma reunião, em torno de uma mesa em forma de T, com a presença do professor Carver, naturalmente. O 'presidente' do evento sentou-se à cabeceira, tendo ao lado um secretário para que tudo ficasse devidamente anotado. Ao longo da mesa sentaram-se membros do ridículo e lamentável 'comitê da desmoralização'. O 'acusado' em julgamento era um homem simples e de bem, que vivia para suas plantas, suas pesquisas e seus alunos.

Reunido o grupo, entrou um homem com uma porção de plantas nas mãos e foi dado início ao processo inquisitorial a fim de que o professor identificasse cada uma delas. Enquanto esperava pacientemente pelo interrogatório, o professor, na sua ponta da mesa, lia um trabalho técnico. Os presentes iam pegando as plantas, uma por uma e perguntavam:

– Professor, que planta é esta?

Carver levantava os olhos da leitura e dizia sem hesitação, o nome científico da planta e seu nome vulgar. E voltava a ler seu documento. Os homens confabulavam entre si, em voz baixa e consultavam alguns livros sobre a mesa a fim de verificar se os nomes citados pelo professor estavam certos. E faziam outra pergunta:

– E esta planta, professor. Qual o nome dela?

Ele respondia pacientemente e voltava ao seu texto. Depois de várias interrupções, ele se mostrou algo impaciente e pediu:

– Por favor, passem as plantas para cá.

E, rapidamente, ia pegando cada uma, dizendo o nome científico e o vulgar e pondo-a de lado. Em poucos instantes deu conta da pilha e pôde assim retornar à leitura, enquanto os 'inquisidores' afobavam-se sobre os livros a fim de conferir os nomes citados por ele.

Ao que se conta, o professor Carver nem percebera a razão daquela cerimônia. Ele a achou ridícula e incômoda, mas não tinha malícia suficiente para imaginar que o episódio houvesse sido concebido para desmoralizá-lo. Seja como for, seus inimigos gratuitos foram derrotados e o deixaram em paz, após confessarem os verdadeiros objetivos do interrogatório.

Passada aquela 'prova', o professor Carver pôde dar continuidade às suas tarefas habituais sem maiores perturbações.

42

Sem se colocar na posição de um missionário, coisa que sua inata modéstia não permitiria, o professor Carver parece ter tido clara percepção de que viera ao mundo para desempenhar a tarefa específica de ajudar seus irmãos e irmãs de cor a se levantarem da escravidão e viverem como pessoas dignas como quaisquer outras, porque filhos do mesmo Deus, com direito às mesmas oportunidades.

Além do mais, um ser da estatura intelectual e moral de George Washington Carver não resulta de uma feliz convergência de acasos genéticos. Ele já nasce 'pronto', dono de uma bagagem que pressupõe amplas conquistas e realizações trabalhadas em desconhecidas vivências num passado ignorado, mas que precisa ser admitido, se é que desejamos entender o que se passa com essas criaturas que tão acima se posicionam da média humana.

Não sei o que pensam o leitor e a leitora sobre isso. Têm todos o meu irrestrito respeito pela sua postura, qualquer que seja ela. Também eu tenho a minha e estou certo de que você que me lê igualmente a respeitará, mesmo que divergindo ou discordando. Não estamos juntos nestas páginas para debater ou disputar, mas para conversar. Sou daqueles que estão convencidos de que o ser humano é uma entidade espiritual preexistente e sobrevivente à morte corporal e que, portanto, vive numerosas existências na terra, depois de outros tantos estágios na dimensão póstuma, ao cabo de cada uma dessas existências. Em outras palavras: não estou dizendo que acredito na doutrina multimilenar da reencarnação, estou afirmando que, para mim, como para muita gente, a reencarnação é um fato que a ciência, aliás, começa a admitir, ainda que relutantemente. Estranho como possa parecer, o professor Carver encontraria uma pessoa que pensava exatamente assim – seu amigo pessoal e admirador, Henry Ford, o gênio da indústria automobilística. Veremos isso mais adiante.

Como este não é o momento nem o livro para desenvolver este aspecto da realidade espiritual, limito-me ao que ficou dito, cabendo ao leitor, se assim julgar de seu interesse, buscar mais informações na ampla literatura existente a respeito, em numerosas línguas contemporâneas.

Vejo, portanto, o professor Carver como um ser superior que optou consciente e responsavelmente por uma difícil existência iniciada como negro, órfão e escravo a fim de preparar-se para ajudar milhões de pessoas oprimidas pela miséria, a ignorância, a humilhação e o desrespeito. Para saber de suas lutas, conhecer seus problemas, experimentar suas dores, passar pelos seus desencantos, aquele ser que se chamaria George Washington Carver tinha de nascer lá, entre eles, e não nas amplas mansões dos ricos fazendeiros do algodão. De que outra forma poderia ele dedicar-se à gigantesca tarefa de demonstrar que os negros também eram gente e tinham direito a ser considerados como tal? Foi o que fez.

Consciente ou inconscientemente, ele tinha uma programação a cumprir, um projeto de profundo conteúdo humano a realizar e, por isso, não se importava muito com a qualidade da roupa que vestia, com o salário modestíssimo que ganhava ou com a fama que, a despeito de si mesmo, ia conquistando. Por isso, recolhia-se cada vez mais ao seu laboratório, ao trabalho solitário ao qual emprestava as características nitidamente religiosas de uma prece. Seus estudos e tarefas eram precedidos de uma prece a Deus, na qual ele pedia ajuda e inspiração.

Aliás, falando certa vez sobre inspiração, declarou nada ver nela de extraordinário ou conflito ideológico, de vez que, quanto mais preparado, mais se prestaria o pesquisador e cientista para desenvolver seus estudos.

O laboratório transformara-se, para ele, numa espécie de templo, onde vivia os melhores momentos de sua existência, a pesquisar os maravilhosos segredos da natureza.

Ali, no silêncio daquele modesto cômodo que ele passou a chamar de "Pequena Oficina de Deus", ele conversava com o 'dono' da oficina, que ia revelando segredos e mistérios que haviam sido colocados nas coisas que fizera no mundo.

Professor Carver sabia que atrás de tudo quanto existe há um criador. Bastava, pois, aproximar-se do Supremo Criador, de inteligência aberta e com o honesto propósito de aprender, e pedir-lhe a graça da revelação. Por isso, afirmava sempre que ele não descobria coisa alguma em seu laboratório. Sozinho, seria incapaz de fazer o que estava fazendo. Era apenas um servo de Deus, um instrumento tão fiel quanto possível nas suas mãos. Muito mais seria capaz de fazer se pudesse manter contato mais íntimo com Deus, mas nem sempre era possível consegui-lo, não por Deus, mas por ele, George. Como orava com frequência, pedindo essa ajuda, "às vezes Deus concordava em abençoar os resultados", mostrando-lhe como e por que havia feito certas coisas.

O reconhecimento pelo seu trabalho pioneiro começava a chegar de vários pontos, mas era com seu antigo e querido mestre James Wilson, ainda ministro da agricultura, o diálogo epistolar mais frequente, pois o professor tinha o hábito de manter sr. Wilson informado de tudo quanto de relevante ele fazia no seu laboratório. Em carta de 1910, Wilson lhe dizia assim: "Agora você tem diante de si uma boa oportunidade – sendo como é, o mais notável homem negro que o mundo conhece na ciência da agricultura – de fazer todo o bem que puder à sua gente e esse, naturalmente, tem sido sempre o seu propósito".

    O velho mestre conhecia a fundo o antigo aluno, orgulhava-se dele, naturalmente, sabia do que estava falando, quando lhe dirigia essas palavras de carinho, admiração e respeito. Era outro grande...

43

Era, no mínimo, estranha ou curiosa a maneira pela qual certos problemas suscitavam o interesse do professor Carver. O amendoim foi um deles e começou com uma praga.

De fato, em 1904, uma praga do algodão invadiu o estado do Texas vinda do México. O professor sabia que ela se espalharia e, dentro de algum tempo, estaria atacando os algodoais da região. Por isso, começou a preparar o espírito do povo, prevenindo a todos quantos pudesse alcançar com seus ensinamentos que a desgraça estava a caminho, embora pouco se pudesse fazer para dar efetivo combate ao mal. Uma das medidas que ele aconselhava era a de plantar mais cedo no ano, a fim de fazer a colheita também mais cedo, utilizando-se de variedades de algodão que produzissem em mais curto espaço de tempo. Tratou logo de expedir instruções a respeito disso a todos os fazendeiros da região, mas sabia que essa não era, ainda, a solução radical para o problema. O melhor mesmo, o ideal, seria iniciar o plantio de outras culturas, como ervilhas, batata doce e amendoim, que não estariam sujeitas à praga. Além disso, essas plantas ajudariam a restaurar o solo, em vez de esgotá-lo de seus nutrientes naturais como fazia o algodão.

O amendoim, por exemplo, era fácil de plantar, cuidar, colher e armazenar. Desde tempos imemoriais se cultivava amendoim na América do Sul. Em velhos túmulos no Peru foram encontrados desenhos inspirados no amendoim. Ainda mais: o amendoim possui notáveis propriedades nutritivas, em vista do elevado índice de proteínas, carboidratos e gorduras. Já há algum tempo ele vinha fazendo essa campanha, verdadeira pregação, em favor dessa cultura e a publicar receitas culinárias à base de amendoim.

Certa vez, para demonstrar as insuspeitadas possibilidades dessa plantinha, o professor Carver ensinou as moças do instituto a prepararem uma série de pratos a partir do amendoim. Foi servida uma refeição completa ao diretor da escola e a vários convidados. O cardápio constava de sopa, salada, pão, biscoitos, sorvete e café, tudo de amendoim. Um sucesso!

Assim estimulada pelo professor, muita gente começou a plantar amendoim, reduzindo, correspondentemente, a quantidade de algodão.

Aí aconteceu o que não fora previsto: ao chegar a época das colheitas, ninguém queria comprar amendoim. Para quê? Fazer o que com ele? Ademais, a economia da região continuava dependente do algodão, para o qual sempre havia compradores certos para as colheitas. Para o amendoim, não. Não havia um parque industrial preparado para absorver as grandes quantidades do produto em oferta.

Um grupo de agricultores recorreu, como sempre, ao professor Carver para expor suas dificuldades e pedir conselhos e sugestões. Era como se perguntassem: "E agora, que é que vamos fazer com o amendoim?"

De fato, o professor não pensara nisso. Seu interesse no problema fora meramente científico, não prático. Ele não pensara nas consequências econômicas da solução que propusera para minimizar os efeitos devastadores da praga do algodão. Sentia-se, agora, responsável pela situação criada e na obrigação moral de encontrar saída para o impasse que se criara. Realmente, o que fazer com o amendoim?

O jeito era transferir a pergunta para o seu confidente secreto. Por que Deus havia feito o amendoim? E para quê?

Retirou-se mais uma vez para o seu laboratório, a "Pequena Oficina de Deus", pois era ali que ele conversava com o Criador de todas as coisas, inclusive do amendoim. Seu raciocínio era simples e direto. Por algum motivo, Deus havia mandado a praga do algodão, dado que tudo o Ele faz é bom e tem alguma razão de ser. Talvez Ele houvesse decidido que, acabando com o cultivo exagerado de algodão, as condições dos pobres pudessem melhorar. Era preciso plantar outras coisas, como amendoim, batata doce, ervilhas que ajudavam o solo a enriquecer-se em vez de torná-lo cada vez mais pobre. Sobre isso, o professor tinha certeza, mas o que fazer com as colheitas? Isso ele ainda não havia perguntado a Deus. Chegara o momento de fazê-lo. Será que Deus concordaria em dizer-lhe por que e para que havia criado o amendoim?

Não é preciso a gente ficar imaginando que Deus tenha baixado das alturas para ficar ao lado do professor a contar-lhe seus segredos. Deus é discreto e nem se incomoda que se pense que foi a gente mesmo que decifrou seus enigmas. A presença d'Ele veio através da inspiração, uma ajuda de forma indireta, como quem mostra o caminho, mas deixa a gente caminhar e vencer as dificuldades da jornada.

Para começar, o professor lembrou-se de três leis básicas: a da compatibilidade, a da temperatura e a da pressão. Começava a ver o caminho a ser percorrido. Primeiro, ele extrairia do amendoim alguns de seus componentes e, depois, os colocaria juntos novamente, combinando-os, porém, de maneira diferente, sempre dentro dos postulados da química. Misturava os componentes, combinava-os e examinava os resultados.

Aí as coisas começaram a acontecer. Saíam coisas inteiramente imprevisíveis do amendoim, produtos que nem se suspeitava que estivessem contidos nele. Como é que o professor fazia essa espécie de mágica? Muito simples: nunca dispensava a ajuda daquele que havia feito o amendoim e que, portanto, sabia de tudo a respeito da modesta semente.

Trabalhando com os diversos componentes do amendoim e os recombinando no laboratório, o professor Carver parecia mesmo um mágico a criar uma variedade incrível de sub-produtos. Eram molhos, bebidas, café solúvel, água sanitária, solventes, papel, líquido para limpar metais, tintas, plásticos, creme de barbear, óleos, xampu, linóleo, borracha sintética, graxa e muitos outros. Na verdade, a lista estava sempre a crescer. Parecia não ter fim. Mal publicava uma lista de produtos, já precisava acrescentar meia dúzia de novos achados. Com o tempo, ele conseguiu, ainda, obter leite de amendoim, tão perfeito e puro como o natural e que até mesmo produzia manteiga, quando batido, igual ao outro. Enquanto cem quilos de leite de vaca produziam 10 quilos de queijo, cem quilos de leite de amendoim davam para 35 quilos de queijo.

Foi assim que Deus revelou ao professor Carver os segredos do amendoim.

Caderno de Imagens

Aula de história no *Tuskegee Institute*, em 1902

O presidente Franklin D. Roosevelt cumprimentando o ilustre Dr. Carver

George W. Carver no *Tuskegee Institute*, 1896

G. W. Carver acreditava que a natureza proveria todas as necessidades da população e era extremamente inventivo, ao criar todos os dias produtos de origem botânica

Dr. G. W. Carver pintando, no *Tuskegee Institute*

Dr. George Washington Carver retratado por Betsy Graves (pintura a óleo de 1942)

George W. Carver menino

Dr. Carver em seu laboratório

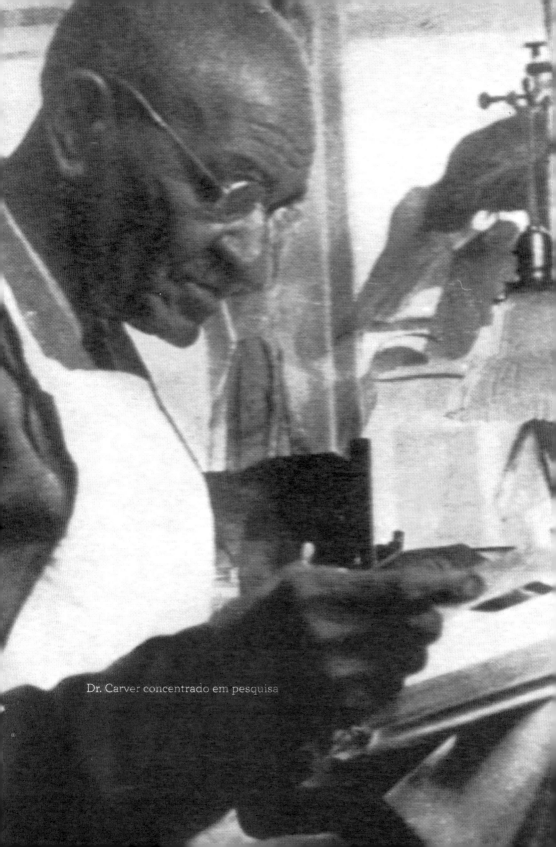

Dr. Carver concentrado em pesquisa

Capitão George W. Carver, da Guarda Nacional

Dr. Carver e seu assistente, Austin W. Curtis Jr.

Dr. Carver investigando a doença em uma planta

Dr. George Washington Carver

Dr. Carver em cerimônia de formatura do Colégio Simpson, 1941

Consagração
Maturidade e velhice

44

Muitas descobertas do professor Carver passaram a ser imediatamente utilizadas. O leite de amendoim foi uma delas e das que começou logo a beneficiar a humanidade. Para o Congo Belga a técnica de produzir leite vegetal foi um achado. Era impraticável ter vacas leiteiras na região porque eram devoradas pelas leoas e outros carnívoros predadores. Se a mãe de uma criança morria enquanto estivesse ainda amamentando, a criança também estaria praticamente condenada, a não ser que se conseguisse outra mulher para nutri-la.

Estimulado por esses resultados, o professor Carver entregou-se ainda mais à pesquisa das possibilidades de outros produtos agrícolas. Sempre entendeu, aliás, que a agricultura seria o grande fornecedor de matéria-prima industrial do futuro. É o que se pode observar hoje, enquanto estamos aqui a conversar o leitor e eu. Não apenas a indústria da alimentação depende da produção agrícola, cuja tecnologia está em contínuo processo de aprimoramento, como numerosos produtos farmacêuticos, por exemplo, são primeiro descobertos nas plantas e posteriormente sintetizados em laboratório, após terem sido desvendados os enigmas da composição química e da estrutura molecular de cada um deles.

Havia, porém, um interesse paralelo do professor Carver à margem de tudo o que fazia para entender melhor os mecanismos das leis naturais. Ele se revelava sempre atento ao velho problema do desperdício, antecipando em pelo menos meio século conceitos hoje difundidos – ainda que não suficientemente praticados, como ecologia e biodiversidade.

Por isso, passou a dedicar-se à descoberta de métodos pelos quais fosse possível aproveitar resíduos que usualmente eram jogados fora. Novamente, com seu gênio inventivo e seu genuíno espírito de pesquisador começou a descobrir fortunas no que era tido simplesmente como lixo. Vimos um exemplo disso, quando ele passou a utilizar o lixo orgânico como fertilizante natural.

Foi assim que criou vários produtos a partir da serragem de madeira. Um deles era uma espécie de mármore sintético, polido, resistente e impermeável. Como a matéria-prima era barata, o produto saía também barato. Qualquer pobre poderia ter sua casa forrada com aquele mármore artificial.

Da casca do amendoim fez papel de excelente qualidade, como também da casca da iúca, uma liliácea ornamental. Do caule do algodão, que sempre fora jogado fora, também fez papel, além de corda e tapetes. Da fibra do quiabo criou tapetes de bonito efeito decorativo.

Enquanto isso, continuava ele suas pesquisas com os minerais da região, abrindo novos rumos à indústria e valorizando o trabalho dos agricultores. Um material de sua descoberta retirava toda a tinta utilizada na impressão dos jornais, deixando o papel em condições de ser reciclado. Descobriu substitutos para a mica, bem como minérios que, triturados, davam certo tipo de sapólio e uma argila que, acrescida ao borato, servia tão bem quanto o talco. De outras argilas retirou o caolim.

Tudo quanto tocava, enfim, desdobrava-se em produtos úteis e facilmente industrializáveis.

Bem cedo a importância de alguns de seus projetos foi testada e aprovada. Há anos o mercado internacional de corantes era dominado pela indústria alemã, mas a Guerra de 1914-1918 (chamada a Grande Guerra e que, supostamente, seria a última) provocou uma crise de grande porte na economia mundial, afetando a produção de anilinas. Os Estados Unidos conseguiram, por algum tempo, manter-se à margem do conflito, mas acabaram envolvidos na contingência de ter de tomar uma posição e até de participar diretamente na guerra. Não havia mais como importar corantes dos quais dependia, em larga escala, a indústria especializada americana. A incipiente produção local era insuficiente para as necessidades do país, o que chegou a provocar um estrangulamento nas empresas que trabalhavam com corantes.

Foi quando alguém se lembrou do professor Carver, a quem foi exposto o angustiante problema. Como já vimos, os corantes não eram nada estranhos às suas pesquisas, pelo contrário. Só que agora lhe pediam uma solução urgente capaz de gerar corantes em escala industrial.

O professor vagou pelos campos e bosques a colher plantas, frutos, argilas e minérios. Em seguida, trancou-se mais uma vez no seu laboratório, a "Pequena Oficina de Deus", e começou a estudar suas amostras, solitariamente, como de seu hábito. Ao cabo de algum tempo, utilizando-se de apenas vinte e oito plantas, desde as folhas até as raízes, conseguiu o inacreditável numero de 536 corantes, que poderiam ser utilizados sobre papel, algodão, seda, couro, linho, madeira. Qualquer coisa, enfim.

A partir das cores básicas, as combinações e tonalidades poderiam facilmente chegar aos milhares.

Uma empresa de corantes fez uma oferta irrecusável ao professor Carver. Colocavam à sua disposição um laboratório equipado com toda a instrumentação que ele entendesse necessária e, quanto ao salário, era só dizer quanto queria ganhar. Delicadamente, ele recusou. Sua missão era o Instituto de Tuskegee e lá ficaria, ganhando o seu pequeno salário de professor pobre.

Seja como for, muita gente tomou conhecimento de que havia também negros dotados de gênio.

Por essa época, dedicou-se a encontrar alternativas para solucionar a crise alimentar que também ameaçava abater-se sobre regiões mais pobres do país. Insistiu no ensino da técnica da desidratação de produtos vegetais. Seu objetivo era livrar o consumidor da dependência à lataria, que era escassa e cara. Numa emergência como aquela era necessário voltar aos antigos processos de conservação de alimentos de uma estação para outra, como se fazia na antiga fazendinha dos Carver, seus pais adotivos, onde ele vivera parte de sua infância.

Um dos processos que ensinava era extremamente simples e ao alcance de qualquer dona de casa. Consistia em reduzir frutas bem maduras a uma pasta, que era, em seguida, espalhada num taboleiro, como se fosse fazer massa de pastel. Depois era deixar secar a pasta, cortá-la em fatias bem finas, enrolar as fatias e guardá-las num vidro de boca larga. Ele chamava a isso de "couro de fruta", porque as tiras pareciam com o couro, mas conservaram o sabor e o açúcar natural da fruta fresca.

Seus grandes amigos, contudo, eram a batata doce e o amendoim. Ele dizia que, com um pouco de imaginação, era possível viver-se exclusivamente desses dois produtos do solo, pois eles produziam uma dieta perfeitamente equilibrada. Nada lhes faltava dos componentes essenciais à alimentação humana e animal.

Da batata ele extraiu outra série mágica de produtos, não só alimentos básicos, como melado, farinhas, vinagre, álcool de uso doméstico e tantos outros, como graxa para sapatos e borracha sintética.

45

APESAR DO ÊXITO que alcançava com suas experiências e das provas que apresentava da viabilidade econômica dos seus projetos, grande parte de suas descobertas ficava apenas nas demonstrações. O Sul ainda era uma região pobre e aferrada à monocultura do algodão. Escasso era o interesse pela diversificação e rotatividade das plantações, tanto quanto pela industrialização. Para que as coisas mudassem, era preciso vencer a inércia de toda uma população acomodada a um modelo sócio-econômico obsoleto, no qual, embora legalmente extinto, o regime escravocrata deixara sequelas de difícil erradicação.

  Ele sabia que seu trabalho de doutrinação não iria produzir resultados imediatos na mentalidade predominante na região. Nem por isso desanimava; pelo contrário, continuou estudando, ensinando, desvendando novos segredos da natureza e formulando conceitos nos quais só ele parecia pressentir o futuro. Desde muito se convencera das potencialidades econômicas de que dispunha o Sul. Decorridos os primeiros anos de seu fecundo trabalho no Instituto de Tuskegee, desenvolvera projetos suficientes para uma industrialização racional das riquezas da região e consequente melhoria da qualidade de vida para todos, negros e brancos.

Nas exposições e feiras de amostras então organizadas, o Instituto passou a figurar em posição de destaque e a seção de responsabilidade do dr. Carver tinha sempre novidades a apresentar. Era crescente o número de produtos obtidos a partir do amendoim e da batata doce. Havia tintas das mais variadas cores e para diferentes finalidades. Ele mesmo preparava os objetos de demonstração, como vasos de barro e amostras de madeira, couro ou vidro, nos quais suas tintas eram postas em uso.

Mesmo assim, era difícil interessar os visitantes e fazê-los progredirem. A maioria olhava, achava tudo muito bonito e curioso, mas passava adiante, continuando a viver na pobreza de sempre. No entanto, sempre ficava na mente de todos a evidência de que aquelas coisas novas e criativas eram obtidas por negros. Muitos faziam perguntas que o professor respondia, na sua maneira competente e cortez. Sim, era ele mesmo que fazia aquilo, com seus alunos.

Sr. Washington, diretor do instituto, estava consciente do que essas conquistas representavam para a credibilidade do trabalho que a sua instituição de ensino vinha desenvolvendo. Gostava que o dr. Carver se apresentasse pessoalmente nas exposições para que todos se certificassem do enorme potencial dos negros, que começava a concretizar-se em realizações promissoras.

De repente, em 1915, como vimos, morreu o professor Booker T. Washington, aos cinquenta e nove anos de idade, por excesso de trabalho. Trabalho em favor dos seres humanos que nascem (renascem, digo eu) em corpos físicos recobertos de pele negra, as "túnicas de pele" a que se referiam os cátaros, no século 12. Foi uma grande e respeitável figura humana. Sua prematura partida abria enorme vazio na comunidade. O presidente Theodore Roosevelt veio de Washington especialmente para os funerais. No seu comovido discurso, falou a todos da sua admiração e de seu respeito pelo amigo que acabava de morrer.

Finda a cerimônia, Roosevelt e Carver saíram de braços dados.

– Não há – disse o presidente – trabalho mais importante do que esse que o senhor vem fazendo aqui, sr. Carver.

46

Trabalhando em íntimo contato com a mãe-terra e compreendendo como poucos as imensas possibilidades que os produtos do solo ofereciam à indústria, o professor Carver previu que um novo sistema estaria sendo implantado dentro de alguns anos. Com o advento dos sintéticos, criados a partir dos modelos naturais encontrados nas plantas, ele achava que "com o tempo, os grandes laboratórios se mudariam para as proximidades das fazendas, onde estariam mais perto das fontes de produção".

Suas ideias eram amplas e cada vez mais transcendiam o ambiente em que ele vivia e trabalhava. Na verdade, o professor Carver estava inventando o futuro no seu modesto laboratório de Tuskegee. Sempre empenhado na construção de um mundo melhor, nunca se preocupou em exigir dinheiro ou proteger seus inventos e descobertas com patentes, como de praxe. No seu modo de ver, todas as criaturas eram irmãs, brancas ou pretas, e os males que afligiam a uma, afligia a todas as demais. Além disso, não tinha o que cobrar de ninguém por aquilo que fazia, porque Deus não cobrava nada dele para ensiná-las...

Seu gênio começava a ser reconhecido por toda parte. Suas exposições atraíam o interesse de industriais, jornalistas e autoridades governamentais. As maravilhosas coisas que ele criava como um mago em seu laboratório constituíam autênticas minas de ouro. E ele estaria sempre por lá, amável, simples, tranquilo, a responder às numerosas perguntas que lhe faziam, com a mesma incansável atenção e precisão de vocabulário.

Certa vez, declarou numa entrevista que não gostava da palavra substituto aplicada aos produtos criados em laboratório. Tais produtos possuíam características e qualidades próprias e tinham, sem dúvida, o mérito de ser independentes de condições climatéricas. Identificando-os como substitutos poderia criar-se a falsa noção de que não fossem tão bons como aqueles aos quais se assemelhavam. Em muitos exemplos, eles eram até melhores, mas isso não importava, e sim o fato de que ali estava uma nova classe de produtos que ele considerava provindos de um "quarto reino da natureza", que operava sob controle do ser humano, em vez de exposto aos imprevistos do clima e das pragas. Partindo de elementos conhecidos, o cientista criativo poderia, em seu laboratório, reconstituir ou criar novos produtos, independentemente do tempo que fazia lá fora, no campo.

Tomava conhecimento, às vezes, de que descobertas suas encontravam, aqui ou ali, resistências ou rejeição, até mesmo por parte de pessoas que poderiam beneficiar-se delas. Enquanto isso, outras tantas descobertas caíam no esquecimento indiferente, após o interesse momentâneo da novidade. É de se presumir que ele experimentasse certo desconforto diante dessas reações, algumas que até se manifestavam em ataques infundados e irracionais. Nada disso, contudo, levava-o ao desânimo ou ao desencanto – ele continuava a estudar os enigmas da natureza e decifrá-los em proveito de todos. Deveria, ainda, saber que, ultrapassado o estágio da indiferença, da crítica ou da hostilidade, suas ideias seriam retomadas, porque somente as publicava depois de convencido da viabilidade de cada uma delas. A lição aprendida com o amendoim deveria estar contribuindo para essas cautelas.

47

Era invariável sua total indiferença quanto às possibilidades financeiras dos seus inventos. Qualquer outro pesquisador criativo e bem dotado como ele estaria, àquela altura da vida, riquíssimo só com o produto de seus direitos de patente, mesmo que não desejasse explorá-los pessoalmente criando empresas para esse fim. Eram muitos os que lhe perguntavam o que pretendia fazer com os numerosos produtos que estava sempre a criar. Não iria explorá-los comercialmente? – era a pergunta.

– Não – dizia o professor. – Meu interesse é puramente científico. O que me cabia fazer com esse produto já fiz. Se um cientista ou pesquisador se mete em negócios, deixa de ser pesquisador para se tornar empresário.

Tinha, porém, o cuidado de evitar que seus processos ou produtos se tornassem propriedade exclusiva de alguém ou de alguma empresa poderosa. Deixando suas descobertas sem a proteção usual de patentes, elas ficavam liberadas como propriedade comum e quem quisesse poderia explorá-las comercialmente, sem exclusivismos limitadores. Ele queria que seus produtos fossem colocados ao alcance de todos indistintamente. Nem sempre, contudo, conseguiu evitar que se estabelecesse com eles algum monopólio, como aconteceu com o azul índigo, negócio gigantesco que assumiria fantásticas proporções, como qualquer um pode observar hoje na indústria de confecções, por exemplo.

Deixou, por isso, de ganhar incalculável fortuna. Qualquer uma das suas descobertas poderia tê-lo feito, senão milionário, pelo menos garantir-lhe uma vida tranquila e confortável. Tinha poucas necessidades pessoais a atender. Por incrível que pareça, seu salário no instituto, a despeito de toda a sua fama e prestígio, continuava sendo a mesma irrisória quantia de mil e quinhentos dólares (por ano!). Nunca se interessou em pedir aumentos. Dizia, brincando, que, se não havia sido aumentado, é porque achavam que não valia mais do que os mil e quinhentos dólares. Mesmo os cheques de pagamento que a escola lhe entregava regularmente, ele deixava muitas vezes de receber, esquecidos em pilhas de papéis e livros. No fim do ano, vinham os auditores da escola pedir-lhe, por favor, que mandasse receber os cheques para que eles pudessem ajustar os registros contábeis do instituto.

Além disso, como sempre fizera, queria apenas aquilo

a que tinha direito. Nem um centavo a mais. Quando um milionário generoso, por nome Julius Rosenwald, fez uma grande doação a fim de instituir uma gratificação especial aos professores, houve alegrias e comemorações, mas o professor Carver recusou sua parte. Embora compreendesse e admirasse as boas intenções do doador, não achava correto receber pelo seu trabalho mais do que parecia justo e fora fixado pela administração do colégio.

Pensava mesmo que o exagerado valor que se atribui ao dinheiro gera uma força destrutiva. O dinheiro é para ser usado com inteligência e bondade, com senso de responsabilidade e espírito construtivo. No seu entender, o dinheiro tinha, em suma, uma função muito mais social do que individual.

Ofertas tentadoras continuavam a chegar até o eminente professor negro e ele continuava, delicadamente, a recusá-las.

Uma delas foi grande e vinha de um grande homem, do próprio Thomas A. Edison, gênio indiscutível da época. Edison acompanhava com interesse o trabalho do professor Carver e pensou em trazê-lo para as suas organizações. Para isso, escreveu-lhe uma carta, da Flórida e mandou seu principal assistente, o engenheiro Miller R. Hutcheson, para conversar com Carver.

Ficariam à disposição do professor todos os recursos técnicos da poderosa organização de Edison. O salário anual, segundo se soube, estaria expresso em seis dígitos. Quanto teria sido? Cem mil dólares? Duzentos? Quinhentos? Ninguém ficou sabendo ao certo, porque o professor Carver recusou a oferta e nunca revelou a tentadora cifra. Na pior das hipóteses, contudo, seria algo assim como setenta vezes o que ele ganhava como professor, em Tuskegee.

E a gente ainda fica pensando no que poderia ter surgido da mente de dois gênios daquele porte, Edison e Carver.

A entrevista do professor Carver com o emissário de Edison suscitou compreensível expectativa no instituto. Quando, posteriormente, perguntavam ao professor como se passaram as coisas e qual o resultado da conversa, Carver respondia simplesmente que fora de fato um prazer falar com o homem, mas que nada havia para discutir. Daí porque limitou-se a escrever uma atenciosa carta a Edison, agradecendo ao seu generoso e honroso convite.

Não foi aquela a última proposta. O professor alegava fazer parte integrante do instituto. Viera a convite do professor Booker Washington. Lutara, trabalhara, aprendera e ensinara, durante todos aqueles anos, pelo ideal de melhorar as condições de vida de sua gente e dos pobres em geral. Não seria agora que Washington estava morto que ele iria deixar o instituto, interrompendo sua obra. Sentia que ainda tinha muita coisa a fazer pela escola.

Estava sempre com projetos em andamento, aperfeiçoando métodos ou partindo para descoberta de novos produtos e processos mais eficazes de realizar os projetos que brotavam sem cessar de sua mente privilegiada.

A essa altura, seu nome já se projetara internacionalmente e ele começou a ser homenageado por instituições nacionais e estrangeiras. O ano de 1916, por exemplo, ficou marcado por um desses importantes eventos na biografia que ele vinha construindo com o seu trabalho. A Royal Society of Arts, da Inglaterra, instituição conservadora e respeitável, incluiu o professor como um dos seus membros. Seu nome começava a aparecer em prestigiosas referências e citações, como no livro *The story of my life*, de autoria de Harry H. Johnston, e, em seguida, na obra *The negro in the new world*, no qual esse mesmo autor dizia que o professor Carver poderia lecionar botânica não só em Tuskegee, como em universidades como a de Oxford ou Cambridge.

48

Tanto falara e escrevera o professor Carver acerca do amendoim, apregoando suas inúmeras possibilidades e vantagens, que começou a intensificar-se o cultivo dessa planta. Na verdade, aí pela altura de 1919, a indústria do amendoim atingira um volume equivalente a oito milhões de dólares por ano. Tornou-se necessário organizar melhor essa atividade industrial e estudar as possibilidades de expansão que ela oferecia. Para isso, reuniram-se, na cidade de Atlanta, na Georgia, os principais empresários do amendoim e fundaram a United Peanut Association of America, entidade que se tornaria poderosa e influente.

Um dos objetivos da nova instituição era o de tornar o amendoim mais conhecido, através de intensa campanha publicitária. Para isso, precisavam todos conhecer melhor o produto. Lembrou-se alguém que havia no Instituto de

Tuskegee, um cientista, que conhecia tudo sobre o amendoim. Chamava-se George Washington Carver esse homem. Que tal se convidassem o professor para fazer-lhes uma conferência? Não faltou quem achasse a ideia infeliz. Como iriam admitir que um negro viesse ensinar coisas aos brancos? Era o fim... Mas acabou vencendo a maioria mais ponderada e o professor Carver foi convidado para dizer o que sabia do amendoim, em setembro de 1920, na cidade de Montgomery.

Ele aceitou e para lá se foi, na data combinada. Os figurões da United Peanut chegaram à cidade em 13 de setembro e hospedaram-se no Exchange Hotel. O professor chegou no dia seguinte, pela manhã, com a sua maleta cheia de jarros e amostras. Era incrível a quantidade de coisas que ele conseguia colocar na maleta, que, por isso, estava bem pesada.

Muita gente viu pelas ruas aquele homem negro, de ar bondoso, cabeça já embranquecida, carregando sua maleta. Quem seria? Chegado ao hotel, ele foi barrado pelo porteiro:

– Que é que você deseja? – foi a pergunta seca.

– Quero falar com o presidente da United Peanut – respondeu.

– Eles estão na prefeitura.

O professor pegou novamente a maleta e lá se foi, a pé, para a prefeitura, onde lhe informaram que, de fato, o pessoal da United Peanut havia estado lá, mas já saíra. Andou de um lado para outro e resolveu voltar ao hotel onde se realizaria a conferência, já cansado de caminhar com a maleta na mão. O porteiro impediu novamente sua entrada: negro não podia entrar.

– Mas estão me esperando lá dentro – argumentou.

Não tinha jeito.

– O senhor poderia levar um bilhete a eles?

Isso o porteiro concordou em fazer. O professor escreveu uma notinha ao presidente da associação e ficou esperando, do lado de fora, em pé na calçada, junto da maleta. Finalmente veio a ordem para fazê-lo subir. Levaram-no para os fundos, pelo elevador de serviço, pois negro não podia entrar pela frente, em elevador social.

Assim mesmo, cansado de rodar pela cidade, o professor começou a falar, mostrando, um a um, os produtos que conseguira extrair do amendoim. Pegava jarros e vidros de amostras, falava sobre eles, suas possibilidades, propriedades e recursos. Mostrou numerosos corantes, cada um deles para determinado fim – uns para couros, outros para madeiras ou tecidos. Mostrou molhos, manteiga, creme, leite em pó, tudo.

Os homens da associação estavam fascinados pelo que o estranho negro lhes mostrava. E logo a eles, que pensavam saber tudo sobre o amendoim!

Ao terminar, o professor foi calorosamente aplaudido e juntou muita gente em torno dele para conhecer melhor os produtos e fazer-lhe perguntas.

A revista da associação, publicada dias depois, fez-lhe justiça, dizendo das desconfianças iniciais dos industriais ao concordarem que um negro falasse a um grupo de brancos e, ainda mais, para ensinar coisas que estes ignoravam. Mas, no fim, todos se esqueceram até de que ele era negro e o aplaudiram. O dr. Carver havia conquistado o coração dos empresários do amendoim, concluía a revista.

Entre os presentes, naquele dia memorável, encontrava-se o deputado Steagall, que, depois da conferência do professor, pediu a palavra para propor que o assunto fosse discutido no Congresso.

A história era a seguinte.

Apesar de a indústria do amendoim ter adquirido todo aquele desenvolvimento, cerca de metade do produto que se consumia nos Estados Unidos continuava sendo importado da China e do Japão. Mesmo a despeito dos altos custos do transporte, por causa da distância das fontes produtoras, ainda era arriscado cultivar maiores quantidades nos Estados Unidos, porque ficaria mais caro do que o importado, devido às tarifas alfandegárias que eram muito baixas. Era preciso, portanto, estimular a produção nacional que teria de ser competitiva com a importada.

O resto vocês sabem, como ficou narrado no início deste livro. O professor Carver foi chamado a Washington e deixou todos absolutamente convencidos da necessidade da medida, depois de alcançar um êxito espetacular com a sua notável conferência perante os representantes do povo. Ele mostrava seus produtos e os descrevia na sua maneira simples e sugestiva. Pacientemente ia respondendo às numerosas perguntas que os deputados lhe faziam.

Por fim, o silêncio era quase religioso. Deixaram-no falar o quanto quisesse, como se estivessem a assistir a um mágico a tirar coisas impossíveis de uma cartola – a sua famosa maleta.

Alguém resolveu perguntar, para conferir:

– É o senhor mesmo que faz tudo isso?

– Sim, senhor. Para isso é que existem laboratórios de pesquisa.

Outro lhe perguntou se havia feito algo semelhante com a batata doce.

– Cento e sete, até hoje – foi a resposta.

O deputado pediu um esclarecimento:

– Não entendi o que o senhor disse. Poderia repetir, por favor?

– Perfeitamente. Eu disse que já consegui obter cento e sete subprodutos da batata doce, mas ainda não terminei meu trabalho com ela. No entanto, o amendoim produzirá muito mais. Estou apenas começando a estudá-lo.

E continuava a exibir, imperturbavelmente, seus produtos.

– Aqui temos, por exemplo, um creme, excelente para a pele das senhoras. Podemos adicionar-lhe qualquer perfume. Este outro pode ser usado para friccionar a pele das crianças nas massagens. É melhor do que óleo de oliva.

E mais e mais coisas continuava a retirar de sua maleta. Por fim, resolveu testar a reação do auditório.

– Tenho ainda mais coisas para mostrar – anunciou –, mas meu tempo se acabou e acho melhor parar.

Ninguém respondeu, mas o deputado Garner aproveitou o breve silêncio para perguntar:

– É verdade que o senhor disse que, se os outros alimentos fossem destruídos, a gente poderia viver exclusivamente de batata doce e amendoim?

– É verdade, porque esses produtos contêm os ingredientes necessários para alimentar, conservar a saúde e fortalecer.

Quando ele terminou sua fala, foi aquele aplauso, todos de pé, batendo palmas para o incrível professor negro que, modestamente, agradecia, enquanto ia guardando suas coisas na maleta surrada.

Sr. Garner agradeceu em nome do comitê e sr. Fordney, outro deputado, expressou com absoluta sinceridade e elegância seus sentimentos, dizendo:

– Desejamos cumprimentá-lo, senhor, pela maneira correta pela qual o senhor tratou do assunto.

À saída, o deputado Alben Barkley, que seria mais tarde vice-presidente da República, ao tempo de Franklin D. Roosevelt e Truman, perguntou se o professor Carver poderia escrever um pequeno relato técnico sobre o amendoim a fim de que ficasse constando dos anais do Congresso.

Ainda no trem, na viagem de volta, o professor escreveu o relatório pedido. Dizia, inicialmente, que os produtos que ele apresentara ao Congresso poderiam ter pequeno ou nenhum valor em face do que estava em discussão naquele momento, dependendo, naturalmente, do que fosse feito sobre eles. Concluía declarando não ter comparecido para discutir tarifas. Nada tinha para vender e não pretendia fabricar coisa alguma. Fora simplesmente para dar sua contribuição ao estudo da matéria. Os senhores congressistas saberiam, por certo, defender os interesses da nação sem as sugestões que ele, Carver, pudesse oferecer. Eram palavras ditadas pela sua irreversível modéstia, ante a profunda impressão que causara em todos quantos lá estavam para ouvi-lo naquele dia. Decisões importantes começaram a ser estudadas e implementadas. O amendoim, afinal de contas, não era um produto insignificante como parecia a muita gente.

Em maio de 1921, a revista *The Peanut World* dedicou toda uma página ao professor Carver, prestando-lhe calorosa e significativa homenagem, chamando-o muito justamente de "gênio incomparável", que, por sua incansável energia e espírito pesquisador, tanto estava contribuindo para a economia do Sul e do país como um todo.

Em 1923, ele ganhou a medalha Spingarn, pelo seu trabalho criativo de pesquisa na química agrícola. Era convidado com frequência a fazer palestras e conferências por toda parte. Muitas vezes falava em locais onde jamais havia falado um negro. Seu gênio começava a quebrar preconceitos.

Para muita gente, especialmente no Sul, que não se libertara de preconceitos raciais e de posturas escravocratas, o dr. Carver era uma figura enigmática. Estavam acostumados a ver nos negros pessoas ignorantes e incultas. Como explicar a extraordinária inteligência do professor? Os negros não eram, afinal, uma raça inferior?

49

O professor Carver costumava deixar bem claro nas suas conferências que nada daquilo conseguia sozinho. Deus o ajudava sempre, mostrando-lhe as coisas que fizera. Por isso, não havia livros no seu laboratório. Ele tinha de entrar ali com a mente aberta a qualquer sugestão ou inspiração. As coisas que ele pretendia descobrir e aprender não constavam de nenhum livro, estavam atrás do véu que cobria os segredos da natureza. Deus o ajudava a afastar o véu e permitia que ele espiasse lá dentro.

Uma dessas conferências despertou o interesse da imprensa e o *New York Times* achou que o dr. Carver estava usando linguagem não-científica, fazendo pouco caso dos livros. Dizia o jornal que os verdadeiros cientistas não atribuíam suas descobertas à 'inspiração'. Aquilo poderia não apenas colocar sob o ridículo a instituição para a qual ele trabalhava, como reforçar o preconceito.

O professor Carver sofreu ao ler esse comentário injusto, que resultava de uma equivocada interpretação do que ele dissera. Ele não fizera pouco caso dos livros, nem afirmara que a inspiração os substituía – afirmara que as coisas que ele procurava não podiam estar nos livros, pois ainda não haviam sido descobertas. Para que, então, levar livros para o laboratório? É claro que ele tinha de possuir um conhecimento básico de química; do contrário, não seria capaz de decompor os produtos pesquisados para recompô-los mediante novos arranjos. E isso ele conseguia usando seus recursos mentais, seu espírito inventivo e a ajuda de Deus, sem a qual estaria perdido.

Embora não fosse sua intenção iniciar polêmica com o jornal, o professor foi convencido por sr. Thompson a escrever uma carta ao *New York Times*, esclarecendo umas tantas coisas. O assunto era de muita importância, na opinião de Thompson, para deixá-lo passar sem comentário.

Dizia o professor, nessa carta, que lamentava a confusão suscitada em torno do que ele dissera sobre a inspiração divina. A inspiração – ensinava – não substituía a informação. Na verdade, quanto mais amplos os conhecimentos do cientista ou pesquisador, mais decisiva a sua inspiração.

Via grandes possibilidades, em raízes facilmente encontráveis no comércio, como as do taro e da *yautia*.[7] E co-

---

[7] Vejo no Dicionário Michaelis, da UOL, que o taro é uma raiz rica em amido e

mentava:

— Não conheço ninguém que tenha trabalhado com essas raízes em laboratório. Desconheço livros nos quais se possa colher informações sobre elas e, no entanto, não prevejo dificuldades em pesquisá-las. Diz a Bíblia, em Provérbios 3,6: "Traze-O (a Deus) no pensamento em todos os teus caminhos e Ele próprio guiará teus passos". Pessoas inteligentes, hoje em dia, acreditam em Deus. Não estou só em minha crença. Que Deus aprofunde e fortaleça nossa religião, em vez de destruí-la".

O *New York Times* não publicou a carta, mas a história transpirou e os jornais do país começaram a falar do professor negro que acreditava em Deus e que Deus lhe revelava os segredos da natureza, no silêncio de seu laboratório.

Assim, ia o nome do professor Carver se tornando cada vez mais conhecido e admirado. Quanto a ele, continuou firme na sua postura de que não havia, nem poderia haver, a mínima contradição entre ciência e religião. Na verdade, um ou outro astrônomo, químico ou físico poderia descrer de certos postulados e evitar a frequência às igrejas, mas uma grande parte dos cientistas concordava com Einstein que dizia, na sua maneira precisa e enfática, que "a ciência

---

quanto a yuatia foi necessário recorrer ao prestimoso e eficiente Google. Pelo que vejo ali, trata-se de uma planta bem difundida e, por isso mesmo, com muitos nomes diferentes. No Brasil, chama-se taioba que, como se sabe produz um tubérculo semelhante ao do inhame.

sem religião é manca e que a religião sem ciência é cega".

Dito isto, o professor Carver voltou ao seu trabalho, sem mais atenção ao caso.

50

NÃO OBSTANTE SEU reconhecido valor e a projeção de seu nome, o professor Carver ainda pagava pesado tributo de decepções a que os negros estavam sujeitos. Muita gente, quando o olhava, via apenas um negro, algo envelhecido, de ombros caídos, modestamente vestido. Era incapaz, essa gente, de perceber a grandeza de seu espírito, o poder de sua mente e a bondade de seu coração.

Sendo, por temperamento, uma pessoa extremamente retraída, às vezes era muito penosa para o professor sua condição de negro, porque aparecendo em situações singulares, entre os brancos, expunha-se a humilhações e insultos.

Nas suas viagens, topava, por exemplo, com dificuldades intransponíveis de alimentação e repouso. Não lhe era permitido, como negro, entrar em qualquer restaurante e comer tranquilamente como qualquer ser humano. Nem chegar a qualquer hotel e pedir um quarto para passar a noite; em algumas cidades era proibido aos negros dormirem sob o mesmo teto que o branco. Muitas portas permaneciam fechadas para ele e não faltava quem se mostrasse cruel e duro, ao negar-lhe coisas essenciais pelo simples fato de ser negro. Quando tinha sede, não podia beber água em qualquer lugar – tinha de descer as escadas e beber nos porões, onde havia locais apropriados, devidamente marcados com a tabuleta "Para pessoas de cor". Se as conferências fossem pronunciadas em andar superior, tinha de subir pelas escadas ou usar o elevador de serviço.

Essas leis e posturas eram levadas a sério e cumpridas com severidade contundente e indiferente aos títulos e às qualidades pessoais dos negros, por mais ilustres que fossem. Por outro lado, o branco poderia impunemente humilhar à vontade um homem da estatura moral e intelectual de George Washington Carver.

Em algumas cidades ainda predominava a regra de que nenhum negro poderia ser encontrado à noite, na rua. Correria o risco de ser perseguido e espancado.

A despeito de todas essas restrições humilhantes e ignorantes, o professor continuava a fazer suas palestras por todo o país, a convite de universidades, instituições culturais e sociais. Tinha sempre, à sua espera, grandes auditórios lotados de pessoas interessadas em vê-lo e ouvi-lo.

Quando suas conferências eram programadas para depois de algum banquete, ele permanecia no seu quarto de hotel, esperando que todos acabassem de comer para, então, apresentar-se para falar, porque não lhe era permitido sentar-se com os brancos à mesma mesa.

É verdade que muitos brancos envergonhavam-se daqueles costumes ridículos e cruéis, mas pouco se poderia fazer para acabar ou pelo menos minimizar esse tipo de comportamento irracional. Eram hábitos enraizados por várias gerações na mente e nos costumes do povo, difíceis, portanto, de mudanças rápidas e radicais.

Ainda a essa altura, havia os que tentavam explicar como é que o professor Carver, sendo negro, podia ser dono de todo aquele talento. Talvez não fosse inteiramente negro, arriscavam. Ou, então, teria suas origens em certas tribos africanas que se distinguira, desta ou daquela maneira. Eram conjeturas ridículas, que nem chegavam a ocupar a mente do professor, que dela precisava para pensar.

É claro que, das coisas proibidas aos negros, muitas delas o professor gostaria de fazer, pelo simples prazer de sentir-se um ser humano, igual aos outros.

Uma vez, por exemplo, estava em Montgomery e, dispondo de algum tempo livre, caminhava pela cidade, quando encontrou um parque. Não via sinais nem placas que proibissem a entrada de negros. Entrou e começou a observar suas amadas plantas. Estava totalmente absorvido nesse exame, quando chegou o guarda.

– Que é que você está fazendo aqui? – perguntou-lhe com rispidez. – Não sabe que negro não pode entrar? Dá o fora, vamos!

Assim, um grosseiro e arrogante guarda tinha direito de expulsar do parque da cidade um dos maiores cientistas vivos, uma glória para o seu país e que ali estava apenas examinando umas plantinhas...

Pelos mesmos motivos, deixava o professor de comparecer a concertos, recitais e exposições. Foi por isso que perdeu a oportunidade de ouvir o grande pianista Paderewski, em Montgomery. A sociedade local não concordaria em assistir a um recital com um negro presente no auditório, fosse ele quem fosse.

Suas ideias religiosas eram amplas e tolerantes e, por isso, diferentes das que a maioria adotava. Uma vez foi procurado por um grupo de pastores que o convidaram para falar em favor do melhor entendimento entre brancos e negros. Após ouvi-los e avaliar com serenidade o que lhe diziam, ele recusou, com palavras veementes:

– Seus atos falam tão alto que não posso ouvir o que os senhores estão dizendo. Os senhores têm muita religião e pouco cristianismo, muitos credos e pouca exemplificação. Este mundo está morrendo por falta de bondade.

Ele tinha autoridade para falar desse modo, pois praticava exatamente aquilo em que cria e ensinava. Sempre demonstrara o melhor de seu interesse em ajudar os negros, mas trabalhava para todos, sem a menor distinção de classe social, crença ou cor.

Entendia que as humilhações a que o submetiam eram

lamentáveis para quem as cometia, não para ele que as recebia. Quando sofria uma delas, pensava consigo mesmo que não seria correto abaixar-se até o ponto de odiar o infeliz que o espezinhava. Havia, na sua opinião, três tipos de ignorância. A primeira era honesta e reconhecia que não sabia; a segunda a que não sabia e nem queria saber; e a terceira era a ignorância insolente, a pior das três.

Em suas viagens, divertia-se, às vezes, com as dificuldades das pessoas em identificá-lo corretamente. Iam grupos de homens formalizados, em comissão, para recepcioná-lo. O trem parava e, entre a gente que saltava, ninguém parecia notar aquele homem de roupa surrada, boné na cabeça, carregando suas próprias maletas, em atitude humilde. Não podia ser aquele o famoso professor. Em uma oportunidade, ouviu alguém comentar ao seu lado:

– Acho que o dr. Carver não veio.

51

No instituto, alguns tratavam-no de professor Carver, ou simplesmente O professor. O mais comum, porém, era chamá-lo de *doctor*. O sistema escravocrata deixara suas sequelas na cultura do Sul, onde prevalecia o costume de tratar os negros pelo nome próprio (sem sobrenome), sem atribuir-lhes o título de senhor. Vimos que, na sua infância, o professor fora simplesmente o menino George, que, com o tempo, adotou o sobrenome dos seus pais adotivos e primeiros benfeitores. Só mais tarde acrescentaria Washington como *middle name*, para diferenciar-se de outro George Carver. Como a gente sabe, o título de *doctor* é usado até hoje com parcimônia nos Estados Unidos e reservado aos doutores em medicina e àqueles que fizeram o seu PhD (*Philosophy Doctor*, doutor em filosofia) em alguma especialidade, com a competente defesa de tese.

O professor Carver não havia cumprido formalmente o ritual acadêmico necessário à conquista do doutorado, mas havia como que um entendimento tácito de que ele merecia como poucos o título e assim passou a ser tratado.

Em 1928, seu antigo Colégio Simpson, onde ele fora faxineiro, massagista, lavadeiro e garçom, entre outras atividades humildes, conferiu-lhe o título de doutor em ciência, *honoris causa*. George Washington Carver era daqueles ex-alunos que, sozinhos, podem constituir a glória de um colégio. No Simpson ele fora acolhido, decidido a se tornar um artista plástico. Foi lá que ele encontrou uma de suas 'padroeiras' na sisuda e generosa srta. Budd, que mudou o destino dele, aconselhando-o a manter a arte com *hobby* e estudar botânica, com a ajuda inicial do pai dela, o professor Budd, como também vimos. Suas intuições estavam certas, como o futuro demonstraria. George Washington Carver seria, por certo, um excelente pintor e teria deixado seu nome nas enciclopédias, como tal, mas não teria feito o que fez como professor e cientista. Foi também ali, e ainda por intermédio da providencial srta. Budd, que encontrou compreensão e apoio na sra. Liston.

Na fala que lhe concedia o doutorado, o professor John L. Hillman, presidente da universidade, prestou-lhe as homenagens devidas, apontando-o como um dos mais distintos filhos do Simpson.

Mais tarde, em 1941, quando o professor John Owen Gross, também presidente do Simpson, visitou Tuskegee, declarou que uma das mais caras memórias do seu colégio era a satisfação de ter permitido que o jovem Carver fosse aceito para estudar lá. "Será sempre motivo de alegria – acrescentou – o fato de que cor da pele não constituía base para admissão".

É certo que essas homenagens que lhe traziam o testemunho do reconhecimento público eram recebidas com emoção e dignidade pelo eminente cientista, mas, logo em seguida, voltava ele para o laboratório a fim de dar continuidade aos intermináveis colóquios com Deus. Muitas vezes deve ter olhado para trás, recordando sua vida de aperturas e sofrimentos, humilhações e fome, mas via também nesse passado difícil pessoas maravilhosas que pareciam entender que ele era um menino muito especial que precisava de apoio para realizar sonhos de que talvez nem ele suspeitasse, senão o sonho maior de estudar, estudar sempre, para aprender tudo quanto lhe fosse possível. Havia chegado ao topo, mas não sentia a vertigem das alturas, nem as arrogâncias da vaidade ou do orgulho. Lendo sua história pessoal, a gente fica com a impressão de que ele faria tudo de novo, se fosse necessário, percorrendo outra vez o mesmo caminho áspero, sofrido e solitário. Valera a pena a canseira da jornada e ele trabalhara sem desfalecimentos para percorrer o seu caminho, que talvez nem suspeitasse iria levá-lo tão longe e tão alto. Seja como for, uma de suas convicções era a de que a gente colhe exatamente aquilo que semeia. "Quem planta aveia – ensinava – tem de colher aveia, não milho ou feijão. Se semearmos o ódio e o mal em nossas vidas, podemos contar com os lamentáveis resultados da colheita".

Era também mestre consumado na agricultura espiritual.

52

Onde quer que estivesse, o dr. Carver encontrava motivação para ensinar, tanto quanto para aprender, e isso acontecia com frequência nas suas andanças para atender às numerosas solicitações de universidades e instituições culturais. Visitas à Flórida e à Virgínia, por exemplo, resultaram em exortações sobre as amplas possibilidades de produção de medicamentos de origem vegetal, pois ele vira naquelas regiões numerosas ervas medicinais.

De outra feita, em Tulsa, impressionado com a quantidade de refugo industrial, pediu que mandassem para o seu instituto amostras de tudo aquilo que estava sendo jogado fora, especialmente resíduo de plantas das quais eram extraídos óleos. Com esse material, produziu corantes e uma nova borracha sintética que poderia ser utilizada na pavimentação de estradas, em substituição ao asfalto.

Sempre combateu o desperdício e sempre conseguiu demonstrar que os rejeitos industriais continham substâncias úteis que precisavam ser aproveitadas em vez de serem atiradas ao lixo. Por trás dessa atitude de coerência, estava a sua velha convicção de que Deus não faz nada inútil.

Os problemas que levava para a sua Pequena Oficina de Deus, eram os de sua época, especialmente aqueles que tinham algo a ver com o bem estar da criatura humana, independentemente da cor da pele de cada um. Das muitas coisas que retirou do amendoim, sua inesgotável caixinha mágica, conseguiu também um xarope contra a tosse provocada pela tuberculose. (Lembram-se de como ele tossia, quando foi raptado com Mary, sua mãe-escrava, naquela gelada noite de janeiro, na fazenda dos Carver?)

Um de seus óleos ele refinara mais, a fim de torná-lo mais suave e nutritivo; destinava-se, segundo ele, a fazer fricções e massagens no tratamento de deficiências musculares deixadas pela paralisia infantil. Foi graças aos seus esforços, aliás, que se criou um centro para tratamento de pólio, em Tuskegee.

Os industriais do amendoim foram, talvez, os que mais se beneficiaram dos conhecimentos e descobertas do dr. Carver, e procuravam, de alguma forma, demonstrar-lhe gratidão e reconhecimento.

Um desses empresários por nome Tom Huston, da cidade de Columbus, na Georgia, estava tendo problemas com o processamento do amendoim na produção de manteiga (a hoje conhecida e popular *peanut butter*). É que não conseguia o seu pessoal evitar que o óleo se separasse da manteiga, o que acabava por ressecá-la. Enviou um dos seus químicos ao dr. Carver, que, como sempre, resolveu o problema, ensinando o que deveria ser feito para evitar a separação do óleo.

Tom Huston quis, então, recompensar de alguma forma o eminente cientista, mas sabia perfeitamente que dinheiro ele não aceitaria. Para contornar o problema, pediu a um emissário que procurasse discretamente saber o que é que o dr. Carver gostaria mais de possuir. A resposta foi surpreendente: o velho mestre gostaria de ter um diamante!

Bem, se o dr. Carver queria um diamante, estava resolvida a questão. Tom Huston mandou comprar o maior e mais belo diamante que fosse possível encontrar. Colocou-o num anel e mandou-o ao professor. Mais tarde, ainda discretamente, procurou saber se o doutor havia gostado do presente. Havia sim, foi a resposta. Lá estava o rico diamante figurando na sua coleção, entre 'outras' pedras como minérios de cobre, ferro, mica e quartzos.

Esse mesmo Huston lhe prestaria outra homenagem. Contratou a escultora Isabel Schultz para que reproduzisse, numa placa de bronze, a cabeça do dr. Carver. Srta. Schultz trabalhou ativamente na sua obra, enquanto o professor, no seu laboratório, ia e vinha, lidando com seus aparelhos, tubos e substâncias.

No início do ano letivo de 1931, a placa foi inaugurada,

certamente contra a vontade do dr. Carver. Mas acabaram até conseguindo que ele usasse uma beca. É bem verdade que Robert Moton, o novo presidente do instituto, teve praticamente de correr atrás do professor e vesti-la à força.

Seu caráter, sua dignidade e suas inocentes excentricidades revelavam-se em pequenos incidentes, às vezes comoventes.

Certa vez, pediram-lhe, em carta, para compor uma prece. Eis o que escreveu:

– Minhas preces parecem mais uma atitude do que qualquer outra coisa. Faço poucas orações com os lábios, mas peço silenciosa e diariamente ao Grande Criador, e frequentemente muitas vezes ao dia, que me permita falar com Ele através dos três grandes reinos do mundo que Ele criou – o reino animal, o mineral e o vegetal – para compreender as relações entre eles, nossas relações com eles e para com o Grande Deus que nos fez a todos. Peço a Ele, diariamente e às vezes de momento em momento, que me conceda sabedoria, compreensão e forças físicas para realizar Sua vontade. Por isso, estou sempre pedindo e sempre recebendo.

Enfim, aquele homem de gênio, que estava revolucionando os processos industriais do seu país, pensava e trabalhava, adormecia e acordava com uma só prece inarticulada que nem chegava aos lábios, porque ia direto do seu coração ao Criador. E Deus iria deixar de responder a um ser como aquele?

53

A DESPEITO DE QUASE legendário, seu desinteresse pelo dinheiro ainda surpreendia muita gente. A Fundação Rockfeller, por exemplo, que costumava fazer generosos donativos ao instituto, não entendia por que os assistentes do dr. Carver ganhavam mais do que ele. É que o velho professor nunca pedira aumento de salário e continuava a receber o mesmo que lhe fora oferecido, anos antes, quando ele viera trabalhar ali, a convite do professor Booker T. Washington. Seu comentário, meio brincalhão, já era conhecido: "Se eles achassem que eu valesse mais, teriam me oferecido mais".

Mesmo esse ridículo salário, no entanto, ainda sobrava e ele não parecia nem um pouco preocupado em aplicá-lo de alguma forma ou em comprar coisas para seu uso pessoal. Para desespero dos contabilistas do instituto, era comum sumirem cheques, que nem se dava ao trabalho de mandar para o banco a fim de serem depositados em sua conta. Às vezes, remexendo sua papelada, descobriam cheques perdidos.

Por volta de 1933, na grave crise pela qual atravessava a economia americana, os bancos começaram a quebrar, inclusive aquele no qual ele tinha sua modesta conta. Alguém preocupado com suas economias perguntou-lhe se ele sabia que os bancos estavam falindo, o seu inclusive.

– Ouvi dizer – disse. – Tudo quanto eu tinha estava lá com eles. Acho que alguém descobriu, afinal, o que fazer com o meu dinheiro. Também, eu não o estava usando!

E não se falou mais no assunto. Soube-se, contudo, que seu prejuízo fora de cerca de quarenta mil dólares, uma pequena fortuna.

Um dos falidos mandou-lhe um cheque equivalente à metade do dinheiro que ele tinha lá depositado, mas o professor devolveu-lhe o cheque, dizendo simplesmente muito obrigado, mas ele havia posto dólar por dólar no banco e não queria agora receber cinquenta centavos para cada um dos seus dólares. Era uma questão de princípio, não meramente financeira. Ofereceram-lhe, então, o pagamento da diferença em algodão. "Não – insistiu ele, – muito obrigado. Eu não botei algodão no banco, botei dinheiro".

Finalmente conseguiram convencê-lo a aceitar uma pequena fazenda como compensação e ele concordou, mas nem foi ver as terras, que vendeu ao cabo de algum tempo, recuperando um pouco do dinheiro que havia confiado ao banco. Era assim o professor Carver.

54

NÃO COMO DESEJAVA o professor Carver, mas aos poucos, o progresso ia abrindo seus espaços no sul do país. O algodão, contudo, embora não fosse mais o orgulhoso rei de antes, continuava a dominar a economia da região. Haviam sido criadas máquinas para plantar, colher e enfardar o algodão, com o que era possível reduzir os custos de produção. Em outras regiões foi estimulante o processo da mecanização da lavoura; no Sul, porém, o solo era mais acidentado e as máquinas não revelaram a mesma eficácia em subir e descer morros. Enquanto um acre de terra plantado à máquina, no sudoeste, custava cinco dólares, o mesmo acre plantado à mula custava cem dólares no sul. Eis por que, a introdução das máquinas no cultivo do algodão resultou em maiores dificuldades para o Sul, que não tinha condições de competir com os produtores mais afortunados que podiam usá-las.

Além disso, começavam a aparecer, no início da década de 20, produtos sintéticos de laboratório que vinham ameaçar a confiante hegemonia do algodão. Um dos primeiros desses sintéticos foi o *raion*. E o algodão, ainda muito dependente da mão-de-obra dos negros, passou a amontoar-se em pilhas e mais pilhas nos armazéns, sem mercado suficiente para absorvê-lo. A cada colheita, agravava-se o drama e maiores quantidades do produto iam para as pilhas, não somente dentro dos armazéns, mas em qualquer galpão coberto e até mesmo ao tempo, onde ficava apodrecendo.

Alguma coisa tinha de ser feita. Era preciso descobrir novas utilizações para o algodão. Sempre atento ao sofrimento de sua gente, o dr. Carver começou a imaginar alternativas para emprego dos excessos de produção da fibra. Primeiro ele sugeriu que se empregasse algodão como substância auxiliar na pavimentação de estradas, o que foi feito. Punha-se uma camada de asfalto e pedra britada, extendia-se por cima desse leito um tecido grosseiro de algodão e, em seguida, mais asfalto e argila por cima. O algodão ajudava a compactar a pavimentação e dar-lhe estabilidade.

O dr. Carver, porém, ainda não estava satisfeito com esses resultados preliminares e continuou trabalhando com o problema. Criou um processo pelo qual o algodão não precisava ser previamente fiado e tecido – era bastante misturá-lo diretamente com o asfalto, logo que fosse desencaroçado. Em seguida, o material era cortado em blocos e, daí em diante, o problema passava para os engenheiros que o professor interessou.

Vieram, a seguir, painéis para substituir paredes de alvenaria, o que acelerava sobremodo a construção de uma casa. Revelaram-se práticos, leves, resistentes e podiam ser produzidos a partir de uma variedade inferior de algodão de fibra curta, que ele próprio desenvolveu.

A despeito dos esforços e da incansável criatividade do dr. Carver, não foi possível conseguir uma pronta reação econômica. A crise aprofundara-se e teve seu momento dramático – trágico mesmo – em 1929, quando as bolsas de valores despencaram e muita gente foi atirada à miséria, ao desespero e ao suicídio. Em 1930, o algodão não valia praticamente nada; o preço mal dava para cobrir os custos.

Em 1933, Franklin D. Roosevelt tomou posse como novo presidente dos Estados Unidos. Para o ministério da agricultura ele convidou Henry A. Wallace, também formado, como o dr. Carver, pelo Iowa State College. Por duas vezes, seu pai, que fora professor de Carver, já havia exercido aquele mesmo cargo, nos governos de Harding e Coolidge.

Wallace estava disposto a enfrentar o desafio de recuperar a economia do Sul. Era um homem dinâmico, criativo, bom comunicador e dotado de faculdades de liderança. Mais do que isso, ele acreditava em que toda criatura humana tem o direito de ser feliz. Sabia que poderia contar com o dr. Carver para o ambicioso projeto que tinha em mente. No verão de 1933, ele foi ao Instituto de Tuskegee para conversar pessoalmente com o eminente cientista negro.

Falou em público sobre seus planos para o Sul. Disse da sua antiga amizade pelo dr. Carver, ao tempo em que ele, Wallace, era apenas um menino e Carver um jovem botânico, obscuro e modesto. O governo, declarou, estava empenhado em fazer algo de concreto pelo Sul, mas de nada adiantaria fazer leis e deixá-las no papel. Não bastaria nem mesmo pô-las friamente em ação, como coisas do governo. Era preciso envolver toda a gente, era necessário que o povo entendesse a importância do que se estava pretendendo fazer e pusesse seu coração e seu entusiasmo na tarefa, mesmo porque nada de grandioso e duradouro se faz no mundo, deixando-se à margem os profundos sentimentos que vêm do coração de cada um na comunidade. Era preciso combater a ignorância, o ódio, o medo, a ganância e o preconceito. Era preciso muito mais do que ciência, estrutura econômica e o que hoje se chama de vontade política – era necessário que cada cidadão colocasse no projeto global um pouco de seu próprio espírito.

Quando o ministro acabou de falar, o dr. Carver levantou-se para dizer algumas palavras, poucas e modestas, como de seu hábito, mas claras, inspiradas, emocionantes mesmo. "Não tenho nenhuma boa desculpa para estar aqui – disse –, senão que me mandaram vir. Desejo, no entanto, lembrar uma passagem que diz assim: Vede um homem diligente em seus negócios? Ele será capaz de enfrentar os reis. Quero deixar isso bem gravado na mente dos jovens. O ministro Wallace é um desses homens".

Se tal prometeu, melhor fez o ministro. Em pouco tempo, seu programa de reabilitação começou a ser implementado. Funcionários experimentados entravam em contato com a gente pobre da região e pregavam a diversificação das culturas, ensinavam meios de conservar o solo, preparar dietas racionais, plantar verduras e legumes de fácil cultivo, que qualquer família, por mais modesta que fosse, poderia manter em volta das suas casas.

Eram as ideias básicas que o dr. Carver vinha pregando há cerca de quarenta anos e que, afinal, o governo começou a pôr, metodicamente, em ação com recursos financeiros e humanos de que o professor nunca dispusera. O negro começava o longo e difícil processo de libertação e de conquista da cidadania, desvencilhando-se aos poucos de hábitos e tradições que o mantinha preso à pobreza, quando não à mais extrema miséria.

É bem verdade que, durante aqueles anos de trabalho, muitos saíram dali preparados para a pregação do que haviam aprendido, especialmente com o professor Carver, como se fosse um novo tipo de evangelho econômico de libertação. Mesmo assim, o trabalho do instituto era ainda uma gota de água naquele oceano de pobreza e de técnicas obsoletas de cultivo do solo. Começava a geminar a cuidadosa sementeira do dr. Carver.

Quando, em 1936, o ministro Wallace voltou ao Sul, e novamente passou por Tuskegee, cinco mil pessoas acorreram para ouvi-lo. O dr. Frederick D. Patterson, no seu discurso de saudação ao visitante, observou que, decorridos setenta e cinco anos desde a abolição da escravatura, podia-se ver que o negro demonstrava estar saindo-se bem da experiência e estava aprendendo a utilizar-se corretamente das "responsabilidades de homens livres. Haviam participado com coragem e entusiasmo de todas as providências que visavam ao melhoramento da condição humana, na mesma proporção do privilégio que lhes havia sido atribuído".

É certo isso. O negro começava a encarar o futuro com mais confiança e otimismo, sentindo-se gente, como seu irmão branco. Homens e mulheres destacavam-se aqui e ali, em todos os campos da atividade humana em que lhes fosse permitido participar. Se mais espaço lhes fosse concedido, mais poderiam fazer, porque já haviam conseguido demonstrar uma verdade tão óbvia quanto relevante: o que conta, no ser humano, não é a cor da pele, mas a qualidade e as potencialidades de seu espírito.

55

CHEGARA O TEMPO em que o dr. Carver tinha, no seu currículo, impressionante volume de realizações e descobertas. Sua contribuição pessoal – não somente ao desenvolvimento da comunidade negra, mas ao bem-estar e à felicidade de toda a humanidade – era algo que poucas pessoas têm conseguido igualar. Começava agora a sentir a carga mais pesada da idade, mas o trabalho continuava sem cessar no laboratório, onde, na solidão das suas intermináveis horas de estudo e experimentações, buscava novos produtos e novos meios de obter substâncias já conhecidas. Ali, na Pequena Oficina de Deus, trabalhava o gênio negro, sem visar outra recompensa além da satisfação de ter feito alguma coisa de últil pelos seres humanos em geral, seus irmãos e irmãs. Muitas de suas descobertas e processos valiam milhões de dólares e, por isso, ele poderia ter sido uma das pessoas mais ricas de seu tempo. Mas nem se preocupava em patenteá-las. Seria uma traição aos seus princípios. Dizia que, se fosse explorar comercialmente seus produtos, passaria a ser simplesmente um empresário e não um cientista.

Havia outro argumento, contudo, como teve oportunidade de declarar mais de uma vez. Deus não cobrava nada a ele pelos segredos revelados. Não dizia O Livro que a gente deve dar de graça o que de graça receber? Além disso, ele não concordava com o princípio das patentes em si, por mais que fossem justificáveis com o interesse de proteger o trabalho criador – elas proporcionavam às grandes empresas o privilégio e a exclusividade de explorar produtos que, por direito, deveriam pertencer a todos. Deus cobra o ar que a gente respira? Cobra a água que a gente bebe? Ou a chuva que cai sobre nossas plantas? Jamais.

Por tudo isso, continuava o velho cientista debruçado horas intermináveis sobre seus instrumentos de laboratório, a procurar nas coisas mais insignificantes da natureza os segredos de Deus. E o mais incrível é que ele vivia decifrando esses enigmas.

No entanto, o professor estava envelhecendo e sua saúde nunca fora das melhores. Era preciso arranjar alguém que conseguisse sonhar com ele os sonhos que ele sonhava a fim de dedicar-se à continuação de suas pesquisas.

Vários assistentes foram experimentados, sem resultado. Não se davam bem com o velho professor, cheio de manias inocentes que eles não podiam entender e não sabiam tolerar. O dr. Carver, por sua vez, não se acostumava a ter ajudantes. Fora, durante toda a vida, um trabalhador solitário, que tanto usava a mente como as mãos, tanto descobria um novo produto como varria e lavava o chão sobre o qual trabalhava. Não se habituara a dar ordens e, quando o tentava, não se sentia bem, porque entendia que só poderia adquirir suficiente conhecimento dos processos que investigava quando os desenvolvia ele próprio.

Em 1935, encaminharam-lhe mais um jovem, também negro, recentemente formado pela Cornell Universitity. Chamava-se Austin Curtis Junior. O dr. Carver abriu a porta do laboratório, cumprimentou o novo ajudante e o deixou à vontade para fazer o que quisesse. Provavelmente, queria testar a imaginação e os conhecimentos do jovem, de maneira discreta e elegante, sem questionamentos. Curtis começou a trabalhar com a semente da magnólia, que também continha óleo e poderia fornecer importantes produtos novos.

Com o tempo, o dr. Carver, que lhe abrira a porta do laboratório, abriu-lhe também as do coração. O jovem Curtis trabalhava e pesquisava até onde podia ir sozinho com seus próprios recursos, sem incomodar o famoso cientista. De vez em quando, vinha ao dr. Carver pedir uma sugestão, um conselho ou um ensinamento. O velho mestre percebeu logo o entusiasmo e o verdadeiro espírito científico do novo assistente e passou a estimá-lo como amigo.

Sr. Curtis bem sabia que era um privilégio trabalhar sob a orientação do eminente professor e o respeitava não apenas como cientista do mais alto nível de competência, como também como ser humano de raras virtudes. Por outro lado, os conselhos do dr. Carver não se restringiam ao objeto da ciência em discussão naquele momento. Muito cedo ele percebera que Curtis era uma pessoa de grande potencial que precisava ser orientado em outros aspectos da vida profissional e do próprio ofício de viver.

Por isso, quando sr. Curtis terminou sua primeira dissertação pública, o dr. Carver elogiou-o paternalmente, falando sobre sua maneira de expor suas ideias, que era boa e sobre o tema da palestra que havia sido bem escolhido. Mas (havia um mas), muita gente não o entendera porque sr. Curtis falava um pouco 'difícil'. Era necessário usar palavras mais simples, que toda gente compreendesse.

Sr. Curtis, por sua vez, retribuía com grande respeito e admiração a amizade do velho mestre. Não só o assistia no que fosse necessário ao serviço do laboratório, como o acompanhava em suas viagens, velando pelo seu conforto pessoal, procurando mantê-lo ao abrigo dos importunos. O dr. Carver estava agora com setenta anos de idade e não contava mais com o vigor físico que, a despeito da precária saúde e das privações da infância e juventude, conseguira manter por longos anos.

Os dois cientistas, um jovem e o outro idoso, pareciam agora pai e filho. O dr. Carver brincava com o assistente, na sua maneira simples e afetuosa, e sr. Curtis respondia com irrepreensível respeito à demonstração de camaradagem. Sentia-se feliz ao ouvir comentários de que cada dia mais ele se ia tornando parecido com o professor. Já se familiarizara com as ideias básicas dele. Não se devia criar produtos ou métodos que se revelassem impraticáveis para os pobres agricultores. Era preciso colocar nas mãos deles métodos que eles mesmos pudessem implementar, seja no preparo dos adubos, de uma tinta ou de uma conserva alimentícia. Era preciso trabalhar com os recursos modestos de que qualquer pessoa do campo pudesse dispor e não através de complicadas máquinas que só grandes empresas poderiam possuir.

Contemplando o futuro, o dr. Carver sentia-se confiante, agora, quanto à continuidade de sua obra, na qual se associava a mais pura paixão científica com o interesse pelo bem comum, pelo aprimoramento da qualidade de vida das criaturas. Era preciso levantar da miséria toda uma vasta multidão de seres marginalizados pela pobreza e não apenas seus irmãos e irmãs de cor. O negro já havia provado fartamente ser tão capaz quanto o branco. Bastava dar-lhe oportunidade, oferecendo condições de estudo e trabalho digno.

56

O dr. Carver e seu assistente enveredavam por novos caminhos ou retomavam antigas trilhas na busca incessante de novas coisas. Um desses caminhos os levou a reexaminar o problema das conexões da agricultura com a indústria. O dr. Carver sempre acreditara – e em várias oportunidades o demonstrou – que o futuro da química industrial dependeria, cada vez mais, da agricultura. O tempo confirmaria esse conceito que ele havia percebido numa antecipação quase que profética, que mais tarde mereceria mais atenção do que no seu tempo.

É que as reservas minerais são fixas, por mais amplas que sejam, e um dia se esgotarão, ao passo que os produtos da terra se renovam em cada colheita, porque são coisas vivas, constantemente recriadas pelo mecanismo paradoxalmente simples das leis naturais. A cada ano, vêm e se vão as estações, a cada dia temos a quota necessária de sol e de chuva e o solo sabe como transformar a dádiva de um punhado de sementes em colheita farta. No entender do dr. Carver, química e agricultura tinham, pela frente, um grande futuro, se corretamente articuladas uma à outra.

Criou-se até um termo apropriado para esse novo ramo da ciência que surgia e cuja inspiração se deveu ao dr. Carver – chamaram-na quemurgia, que o *Dicionário* de Webster conceitua como "ramo da química aplicada devotado à utilização industrial da matéria-prima orgânica, especialmente de produtos do campo, como na utilização de óleo de soja nas tintas e vernizes, ou do pinho da Georgia na polpa de papel".

Como se vê, a definição proposta pelo dicionário vai ao núcleo central das ideias do dr. Carver, e embora o nome de certa forma não se tenha popularizado, o conceito fundamental da quemurgia tornar-se-ia uma ampla e vigorosa realidade, nos anos finais do século 20. Foi esse o conceito que estimulou, no Brasil, a produção de álcool para substituir o combustível fóssil para veículos automotores. Infelizmente, a ideia não teve a sustentação política de que necessitava, mas continua válida e poderá ser retomada a qualquer tempo, mesmo porque o petróleo é daquelas riquezas naturais limitadas que um dia estarão extintas.[8]

---

[8] Este livro foi escrito aí pela década de 80, do século 20. Ao rever o texto, em 2005, vejo que a idéia do combustível renovável obtido da cana de açúcar, está

Tudo para o dr. Carver tinha importância e despertava seu interesse. Provavelmente estaria hoje a pensar no que fazer com os imensos vazios que vão sendo abertos na crosta da terra à medida que se bombeia para fora, processa-se e se queima o petróleo, nas suas várias modalidades. Será que essas vastas cavernas não irão criar ou já não estejam criando problemas ecológicos imprevistos?

A atenção do dr. Carver com os resíduos industriais abriu novo campo de pesquisa econômica, além de meramente laboratorial. Verdadeiras fortunas eram atiradas fora como rejeito agrícola e industrial. A utilização racional de rejeitos criou novas riquezas (e novos empregos), além de reduzir custos nos produtos ditos principais. Antes do dr. Carver, apenas resíduos da indústria petrolífera e os dos matadouros eram reciclados, e assim mesmo em modesta escala. Na agricultura, tudo estava por fazer, ou seja, praticamente nada se aproveitava senão o produto principal, como a rama do algodão. O professor já havia demonstrado essa dramática realidade com o amendoim e a batata doce, para citar apenas dois humildes produtos 'da roça'. Mais tarde, ele tomaria o caroço de algodão que, em vez de ser aproveitado industrialmente, acabava constituindo um problema

sendo retomada, ainda que timidamente. É fácil profetizar um futuro promissor para a contribuição da quemurgia, à medida que a economia mundial se der conta, realmente, de que os combustíveis fósseis são limitadas as reservas narutais, por maior que sejam.

que hoje se chamaria de ecológico. O caroço de algodão era uma sobra incômoda que costumava ser incinerada ou atirada à correnteza dos rios, a fim de desocupar lugar o mais breve possível.

Descobriu-se, no entanto, tanta utilidade nele que, em 1919, se conheciam cerca de quinze produtos retirados do que antes fora considerado uma incômoda sobra. Em 1940, inverteram-se mesmo os termos da questão: certas indústrias tinham maior interesse pelo caroço do que pela rama do algodão. Em consequência, desenvolveu-se uma variedade de algodão 'careca' que produzia caroço grande e pouca ou nenhuma fibra.

O dr. Carver não concordava, pois, em jogar fora as coisas. Para ele, tudo tinha serventia; a questão resumia-se em investir algum tempo e entusiasmo em descobrir para que servia este ou aquele tipo de resíduo ou refugo.

Nos últimos anos de sua vida, teve a satisfação de observar que suas ideias iam aos poucos tomando forma e impulso com o qual talvez nem ele mesmo sonhara. Surgiam grandes e poderosas empresas que se dispunham a produzir em larga escala muitas das coisas que o dr. Carver criara em seu laboratório, vários anos antes.

Já em 1925 ele afirmara não perceber limites para o espírito criativo do ser humano – estava-se, apenas, à superfície desse potencial. "O que foi feito não é nada comparado ao que se fará nos próximos anos", previa. Mais uma vez falava como que profeticamente, dado que algumas dessas realizações ele ainda veria concretizadas no decorrer dos anos restantes de sua existência.

Começava a ampliar-se a produção de plásticos e de fibras sintéticas, criadas em laboratório. De uma fase experimental, de teste, produtos de relevante importância econômica passaram a expandir-se na conquista do mercado, como o *raion* e o *nailon*.

Henry Ford, um dos grandes empreendedores da época, alertava para o fato de que a própria "substância do ser humano vem da terra e não das prateleiras das lojas". Melhor do que ninguém, sabia o dr. Carver disso e até trabalhava com essa ideia subjacente, mesmo porque, do alto da sua respeitável inteligência, ele tinha uma espécie de dom de ver e antecipar o futuro, e o futuro da humanidade, na sua visão, iria depender cada vez mais da harmonia que fosse possível obter entre a química, a indústria e a agricultura, tudo isso temperado por um sentimento de profunda reverência pela grandeza de Deus, o Criador por excelência.

Se ainda hoje estivesse entre nós, no seu velho e cansado corpo negro, o dr. Carver estaria batalhando pelo respeito à natureza, expressão viva do pensamento divino, pois ele demonstrou também a antecipação do moderno conceito de ecologia.

57

EM 1935, UM GRUPO de fazendeiros, cientistas e industriais escolheu a cidade de Dearborn, estado de Michigan, para uma convenção na qual seriam discutidos os problemas relacionados com suas atividades. Desejavam trocar ideias sobre a melhor maneira de conjugar os esforços desses três ramos de atividade, o que lhes parecia de imensa importância para o futuro do mundo.

O dr. Carver foi convidado a falar, mas não pôde comparecer. Em 1937, em outra conferência, o tema foi o da nova ciência da quemurgia e ele aceitou o convite.

Ainda naquela altura da vida, credor do respeito, reconhecimento e admiração de tanta gente, não era permitido ao dr. Carver esquecer que nascera negro. Teve de ficar pacientemente no vestíbulo do salão principal, esperando que terminasse o banquete, para que ele pudesse entrar e apresentar sua dissertação. Mesmo um negro da sua estatura moral e intelectual não podia ainda sentar-se com brancos à mesa de refeição. Mas, de longa data, ele se habituara aos preconceitos do seu tempo e de sua gente. Estava certo de que essa prática resultava de certa miopia espiritual, da qual todos ficariam curados um dia, no futuro. O importante para ele, Carver, era não se deixar envenenar pelo ódio, que parece nunca ter encontrado espaço em seu coração generoso. Não tinha tempo nem desejo de ocupar sua mente com essas mesquinharias, porque muito precisava dela para pensar o futuro.

Entre as pessoas sentadas em torno daquela mesa, à espera da palavra do dr. Carver, estava Henry Ford, o criador da indústria automobilística. Na verdade, sr. Ford já conhecia o dr. Carver, a quem visitara no quarto do hotel no qual o velho cientista se hospedara.

O encontro foi revelador e de imediatos resultados, pois os dois homens perceberam logo suas afinidades e semelhança de propósitos. Desde aquele momento, uma profunda amizade, baseada na admiração e no recíproco respeito, os uniu de maneira espontânea. Tinham ambos os mesmos gostos, a mesma paixão pelo progresso científico e industrial, tanto quanto pela melhoria da condição humana. Henry Ford estava empenhado em colocar ao alcance do grande público o conforto de um meio de transporte que, até então, havia sido privilégio exclusivo dos ricos. Queria que toda gente pudesse ter um carro. Para isso tinha de pesquisar, descobrir novos materiais e, principalmente, novas técnicas de produção com melhor utilização da mão-de-obra, baixando, enfim, o preço do automóvel para colocá-lo ao alcance de todos.

Eram ideias que se sintonizavam bem com as do dr. Carver. Além do mais, Ford estava interessado em obter matéria-prima para sua indústria à base de produtos agrícolas. Seus cientistas e pesquisadores haviam criado vários produtos a partir da soja e continuavam a percorrer os caminhos desbravados pelo dr. Carver.

Ford parecia ter o dom de implementar as mais arrojadas ideias, dispunha de recursos materiais, imaginação criadora e capacidade de liderança. O que será que faz certas pessoas tão acima da média humana e tão avançadas no tempo, como que bafejadas por uma certa mística no processo de entendimento da vida?

No caso destes dois seres – Ford e Carver –, não é preciso buscar muito e nem tão longe para descobrir a motivação de tanto sucesso pessoal. George Washington Carver era místico, no mais elevado sentido da palavra. Ele conversava com Deus e, como insistia em dizer, Deus lhe permitia ver o que estava além do véu que encobria certos segredos da natureza.

Henry Ford não era muito diferente.

Encontamos no livro *Reincarnation in world thought*, uma compilação organizada por Joseph Head e S. L. Cranston, duas curiosas e reveladoras informações sobre as energias que moviam Henry Ford. A primeira citação constante do livro foi encontrada numa entrevista concedida pelo gênio da indústria automobilística aos jornais da cadeia Hearst e publicada em 27 e 28 de abril de 1938.

– Quando eu era jovem – explicou Ford ao repórter –, como tantos outros, eu me sentia perplexo. Perguntava-me a mim mesmo... "Para quê estamos aqui?" Nenhuma resposta encontrava. Mas sem resposta a essa questão a vida é vazia e inútil. Aí, um amigo me deu, um dia, um livro.[9] Aquele pequeno livro – prossegue Ford – me deu a resposta que eu estava procurando. Mudou minha vida toda. Do vazio e da inutilidade, proporcionou à minha existência propósito e sentido. Acredito que estamos aqui agora e que para aqui voltaremos.. Disso, tenho certeza.(...) de que aqui estamos para algum propósito. E que a vida continua. A mente e a memória são eternas.

Em outra entrevista, ao jornalista George Sylvester Viereck, que a publicou no *San francisco examiner*, em 28 de agosto de 1928, Ford dissera coisa semelhante, nestes termos:

– Adotei a doutrina da reencarnação quando tinha vinte e seis anos de idade... As religiões (tradicionais) nada têm a dizer sobre essa questão... Nem o meu trabalho podia me dar completa satisfação. O trabalho é fútil se não consegui-

---

[9] Chamava-se a obra A Short View of Great Questions e nele o autor, Orlando J. Smith argumentava a favor da doutrina da reencarnação.

mos utilizar, numa existência, o que aprendemos em outras, no passado. Quando descobri a reencarnação foi como se houvesse atinado com um plano universal. Entendi que tinha condições de implementar minhas ideias. Não havia mais limitações para o tempo. Eu não seria mais escravo dos ponteiros dos relógios... Gênio é experiência. Há quem pense que isto seja uma faculdade ou talento, mas é fruto de longa experiência no correr de muitas vidas. Algumas almas são mais velhas e, por isso, sabem mais... A descoberta da reencarnação me pôs à vontade...

Essa fala, contudo, não era para ficar escondida para que ninguém pensasse que Henry Ford, um dos mais dinâmicos empresários do mundo contemporâneo, era um sujeito meio esquisito porque adotava o conceito da reencarnação Nada disso. Para que as coisas ficassem bem claras, ele acrescentou, dirigindo-se ao entrevistador:

– Se você preservar as notas desta conversa, escreva exatamente isso, a fim de que a mente das pessoas se pacifique. Gostaria de transmitir aos outros a sensação de tranquilidade que essa ampla visão da vida nos proporciona.

Não fiquei sabendo se Ford e Carver conversaram sobre o tema universal da reencarnação. Acho que sim e muito gostaria de saber o que pensaria o dr. Carver do assunto.

Por tudo o que ficou dito nas biografias desses dois gênios e muito do que não foi mencionado, quanto mais Ford e o dr. Carver conversavam, mais descobriam seus comuns interesses e ideais. Ford participava da intimidade dos grandes vultos da sua época, como Thomas Alva Edison, Luther Burbank e John Burroughs, que ele considerava um dos maiores cientistas do seu tempo. Com a morte de Edison, em 1931, mais Ford se aproximaria do dr. Carver.

Em entrevista conjunta de ambos, o repórter dirigiu-se a Ford, dizendo: "Agora é sua vez, sr. Ford. – Não – contestou o criador do automóvel, – perguntem ao dr. Carver. Ele me conhece. Concordo com tudo quanto ele pensa e ele pensa da mesma maneira que eu.

Será que podemos concluir do que ficou dito que o dr. Carver também tenha sido reencarnacionista?

Essa belíssima amizade não se restringia a encontros casuais. Ford e Carver combinaram uma rotina de encontros pessoais, pelo menos uma vez por ano, apenas para estarem juntos e conversar sobre as ideias que circulavam pelas suas mentes privilegiadas. Nos últimos anos, quando o dr. Carver já se mostrava cansado e adoentado, Ford vinha visitá-lo no Instituto de Tuskegee. Ali passavam horas inesquecíveis a trocar ideias. (Ah, como gostaria eu de estar por perto para ouvi-los!)

Em sua casa, na Georgia, Ford manteve sempre aposentos especiais reservados para o dr. Carver e sr. Curtis, seu assistente. A qualquer momento que eles chegassem os cômodos estariam prontos para acomodá-los. Quando Ford criou uma escola para crianças negras, pôs-lhe o nome de "George W. Carver School".

Não havia entre eles as mesquinhas fronteiras do preconceito – eram dois seres superiores que se estimavam e se respeitavam. Um dia o dr. Carver recebeu um presente que deve tê-lo deixado profundamente comovido: uma xícara e um pires que a mãe de Henry Ford trouxera da Europa, em seu enxoval de noiva.

58

QUANDO SOBREVEIO a guerra de 1939, a Segunda Grande Guerra, as ideias que o dr. Carver havia desenvolvido, há um quarto de século, durante a primeira, começaram a ser redescobertas e analisadas com renovada atenção. O conflito, que atingira dimensões mundiais, perturbava o sistema econômico internacional. Por toda parte, os dirigentes políticos e os líderes empresariais percebiam que a economia local não poderia permanecer na dependência de suprimentos externos, ou seja, das importações, mesmo porque as prioridades passavam a ser outras na produção industrial e não se poderiam desperdiçar recursos e moedas.

Um desses casos foi o da tapioca, que antes da Guerra vinha sendo produzida a partir da mandioca (aipim) importada das Índias Ocidentais e do Brasil. De repente, tornou-se impraticável importar as quantidades exigidas pelo consumo nos Estados Unidos. Foi quando os empresários se voltaram para a batata doce, como o dr. Carver havia feito há mais de vinte e cinco anos. Lá estava a tapioca, tão boa quanto a importada. Redescobriu-se, também nessa época, o processo de desidratação de frutas e outros alimentos de origem vegetal, como o dr. Carver havia preconizado. Com isto, tornou-se possível enviar maior quantidade de alimentos e de melhor qualidade para as tropas em combate na Europa e em outros pontos do mundo.

O dr. Carver assistia, agora, ao impulso que tomavam suas velhas e comprovadas ideias. Entre seu trabalho de laboratório, ao descobrir aqueles métodos, e a utilização industrial deles, cabia um longo espaço de tempo, mas isso nem era relevante. O pior é que fora necessário uma guerra para que se percebesse o verdadeiro significado das suas descobertas. Terminada a guerra, com certeza, a lição estaria aprendida e os novos métodos provavelmente estariam incorporados à rotina dos fins pacíficos que geram o progresso econômico e o bem-estar social.

Foi por isso e assim que os artigos, boletins e monografias que o dr. Carver escrevera assumiam agora transcendental importância e estavam sendo vasculhadas em busca de ensinamentos. Ao escrevê-los, o eminente cientista negro foi tido, por muitos, como visionário, enquanto outros tantos nem lhe prestavam atenção. Quem estaria interessado em produzir tapioca à base de batata doce? Quem se preocuparia em desidratar frutas se havia tanta fruta fresca?

59

O ANO LETIVO 1936/1937 no Instituto de Tuskegee foi dedicado ao dr. Carver. Há quarenta anos, viera ele de uma região mais ao norte do país para atender ao apelo de outro grande irmão de cor, o professor Booker T. Washington. Seria difícil dizer agora qual dos dois mais contribuíra para a melhoria da condição dos negros, mesmo porque esse tipo de competição nem se caracterizava e cada um deles tivera nela a sua participação. Era certo e reconhecido, porém, que o trabalho deles e de outros produzira resultados extraordinários, inesperados mesmo.

O prof. Booker morrera antes, mas a sua obra não era mais uma aventura e nem mesmo um sonho, era uma realidade que se expandira e se projetara além do contexto da atuação dos negros e das condições predominantes no sul do país. Três mil e quinhentos estudantes frequentavam as aulas do instituto. Numerosas oportunidades haviam sido criadas para os seres humanos de cor negra e os que por ali passavam saíam em condições de continuar disseminando a nova filosofia de vida, e preparados para enfrentar, com melhores possibilidades de êxito, as dificuldades naturais da vida e a competição por um lugar ao sol. Acima de tudo, criara-se um novo padrão de dignidade para a gente de pele negra.

Já não se preocupavam tanto com o aprendizado do latim ou pelas demais matérias de simples ilustração cultural, importantes, por certo, mas não prioritárias para os que precisavam aprender coisas práticas que os habilitassem a ganhar a vida e integrar adequadamente a comunidade em que viviam. Aprendiam que o trabalho tem sua dignidade própria, impessoal, por mais humilde que seja. Com a nova mentalidade, demonstrava-se também do quanto é capaz o negro. Bastava que lhe oferecessem oportunidades de aprendizado, maturação e crescimento espiritual. Saíam de lá convencidos da capacidade de sua gente, que em nada ficava devendo a qualquer outro povo.

Muito desse espírito otimista e empreendedor, confiante e dinâmico, o dr. Carver ajudara a criar com o exemplo de sua própria vida e o do seu trabalho diário, incansável, com a notícia de suas descobertas e o testemunho de sua humilde veneração diante das coisas da natureza.

Como disse o dr. Moton, um dos diretores do instituto, milhões de pessoas, no futuro, que nem chegariam a saber da existência do dr. Carver, deveriam a ele melhor entendimento e compreensão entre os homens. Não era só o respeito e a admiração dos seus contemporâneos, ele inspirava também verdadeiro sentimento de fraternidade.

Por tudo isso, em junho de 1937, ao inicia-ser o ano letivo, o dr. Carver foi alvo de várias e carinhosas manifestações e homenagens. Conseguiram até inaugurar, contra a sua vontade, naturalmente, um busto dele, em bronze. Continuava sendo um homem quieto, simples, voltado para suas pesquisas, desinteressado de honrarias e glórias. Haviam decidido, porém, que ele teria um busto de bronze e ele não teve remédio senão comparecer à cerimônia. Foi com a mesma velha roupa de sempre, a que usara na sua formatura, quase meio século antes. Parecia mais desajeitado do que nunca, pouco à vontade no meio daquela gente toda, que ali estava por sua causa. Não podia, contudo, impedir que essa gente boa manifestasse carinho, respeito e admiração por ele, o que, em última análise, era um testemunho de aprovação ao seu trabalho e àquelas quatro décadas de estudo e pesquisa.

60

POR ESSA OCASIÃO, sr. Curtis, seu assistente, teve uma ideia. Os mostruários que o dr. Carver havia preparado para suas frequentes demonstrações e conferências eram conhecidos de muita gente fora do instituto, mas ali mesmo permaneciam, cuidadosamente guardados em armários fechados à chave. sr. Curtis entendia que todos deviam ter acesso a essa preciosa coleção dos produtos que o dr. Carver retirara das plantas e da terra. Juntou e ordenou o material e preparou uma exibição na sala da nova biblioteca. Como era de esperar-se a exposição foi um sucesso.

Daí nasceu, provavelmente, a ideia de um museu. Era preciso preservar tudo quanto fosse possível da obra do dr. Carver a fim de que as gerações futuras pudessem conhecê-lo melhor. O projeto mereceu imediata acolhida e, pouco depois, foi aprovada a verba destinada à criação do "George

W. Carver Museum".

No decorrer desses preparativos, o dr. Carver adoeceu vitimado pela anemia dita perniciosa. Por estranho que pareça, enquanto a anemia falciforme ocorre de maneira predominante em pessoas negras, a perniciosa é mais comum, atinge basicamente "pessoas de pele clara, olhos azuis, de origem escandinava ou irlandesa e menos entre os italianos e os negros".[10] Enigmas da natureza que o próprio dr. Carver gostaria de estudar.

O venerando doutor teve de ser recolhido ao hospital e se revelou um paciente difícil de tratar, porque não se submetia com facilidade ao regime alimentar prescrito. Mesmo doente, prosseguiu na orientação dos trabalhos relativos à organização do museu. Já que tinha de ser feito, teria de ser bem feito, e ele se convencera da conveniência de preservar-se alguma coisa, não como testemunho de seus talentos, mas para que futuras gerações pudessem ver um pouco do que era possível conseguir-se com dedicação, esforço, inteligência e fé. Ninguém melhor do que ele para coligir, classificar e arranjar o acervo no que tivesse de mais relevante e essencial. Até então, seus objetos de uso pessoal, suas coleções, instrumentos, haviam sido guardados longe de olhares meramente curiosos. Muitas daquelas coisas só ele poderia explicar em seu verdadeiro sentido, posição e importância no conjunto de sua obra. Era preciso, pois, que

---

[10] Enciclopédia Britânica, 1962, verbete Anaemia, volume I, pp. 859/862.

ele próprio orientasse o arranjo do material.

Logo que melhorou, deram-lhe permissão para voltar ao trabalho moderado de organizar o museu. Instalaram-no num edifício ao lado. Henry Ford mandou colocar um elevador para que o velho professor não precisasse subir os dezenove degraus que levavam aos seus aposentos pessoais. No museu, o dr. Carver tinha seu novo escritório e seu querido laboratório. Mandaram fazer para ele uma pequena estufa onde ele podia cultivar algumas de suas inseparáveis plantinhas, companheiras silenciosas e coloridas de toda a sua existência e razão de ser de seu viver, desde os tempos em que era apenas o pequeno George, filho de Mary, escrava dos Carver, e de Jim, escravo dos Grant.

Dedicou-se, com o seu costumeiro método de trabalho, à organização racional do museu, não como simples coleção de objetos, produtos, plantas e amostras, mas como fonte de informações precisas e metodicamente dispostas e catalogadas sobre o enorme potencial da região sulina dos Estados Unidos e, acima de tudo, como patente demonstração da capacidade dos negros.

Por fim, conseguiu-se colocar, ao lado das relevantes conquistas científicas do professor, os resultados de suas experimentações artísticas. Em compartimento à parte, ficaram expostos alguns de seus quadros, como atestado da extraordinária capacidade daquele homem completo, que não se limitava em ser um grande cientista, mas também excelente artista, além de um grande e luminoso espírito.

O museu passou a ser um centro de atrações para visitantes, sinceramente interessados em conhecer a obra do mestre, tanto quanto de simples curiosos, despreparados para entender o que queria dizer aquela instituição. Em algumas ocasiões, o dr. Carver se sentia desconfortável com a falta de discernimento de certos visitantes, especialmente repórteres apressados que, incapazes de compreender e transmitir aos seus leitores o conteúdo e a grandeza do velho cientista, apegavam-se a detalhes ridículos e irrelevantes.

Certo repórter de uma grande revista americana escreveu, por exemplo, em sua matéria, que o dr. Carver era um velho desdentado. Acostumado a essas mesquinharias da parte dos poucos que não o entendiam direito, o professor comentou filosoficamente e não sem um toque de refinada ironia: "Foi uma pena ele não me haver perguntado sobre isso, pois teria evitado cometer esse lamentável equívoco. Se ele houvesse perguntado, eu poderia ter-lhe provado que não sou desdentado. Estive o tempo todo com minha dentadura no bolso."

Esse mesmo repórter contou aos seus leitores que o avental do cientista estava remendado. (Não me admiraria se me dissessem que foi o próprio doutor que o remendou!) Falando sobre isso, o dr. Carver comentou com certa amargura que o jornalista percebera um remendo do tamanho de uma moeda de dólar, mas não notara seus quadros. Por quê? Que diferença fazia um remendo no avental?

61

Muitas das descobertas e criações do dr. Carver ficaram apenas nos testes iniciais de laboratório ou em estudos que não haviam tido continuidade por causa da falta de gente habilitada e equipamento próprio para desenvolvê-las, traduzindo os projetos para a escala industrial. Onde buscar tais especialistas? O problema do recrutamento desse pessoal tornava-se ainda mais crítico por causa da barreira do preconceito. Cientistas brancos não concordariam, a não ser excepcionalmente, em trabalhar numa equipe de negros e estes dispunham de limitadíssimas possibilidades de treinamento científico da qualidade e do nível que ali se faziam necessários.

Caberia a sr. Curtis, o assistente do dr. Carver, desenvolver um projeto destinado a criar melhores oportunidades de estudo científico para os negros. Mas como conseguir que essa gente sacrificada e pobre pudesse entregar-se inteiramente ao estudo e à pesquisa? Como conseguir horas vagas em outras atividades prioritárias voltadas para a mera sobrevivência a fim de investi-las no trabalho laboratorial? A grande maioria dos jovens estudava com sacrifícios comoventes, quase insuportáveis, como fizera o próprio dr. Carver. Aceitavam qualquer trabalho digno, por mais humilde que fosse, economizando cada centavo a fim de terem o privilégio de estudar alguns meses ou mesmo algumas semanas em colégio superior.

Acresce que, depois de formados, poucas carreiras estavam abertas diante deles, o que limitava a um pequeno número os que conseguiam ser aproveitados. O restante teria de voltar aos empregos modestos de garçom, carregador, faxineiro e coisas desse tipo. Por isso, era frequente ficarem os jovens negros, homens e mulheres, com diplomas nas mãos, donos de razoáveis conhecimentos técnicos, sem ter onde aplicar o que haviam aprendido com tanto sacrifício. Muito talento desperdiçava-se dessa maneira injusta e a população negra de condição social e cultural emergente não podia dar-se ao luxo de desperdiçar seus próprios recursos e potencialidades.

Daí a ideia de transformar o laboratório do dr. Carver numa espécie de núcleo ou centro de aproveitamento desse recurso humano sub-utilizado ou totalmente rejeitado pela comunidade. O dr. Carver gostou da ideia e doou tudo o que tinha de seu, as economias de uma vida inteira de trabalho, isto é, os trinta e três mil dólares que havia conseguido salvar da depressão. Foi assim que começou, em 1940, a desenvolver-se o projeto da Fundação George Washington Carver, celeiro de futuros talentos.

Esses projetos e mais as constantes homenagens e testemunhos que lhe chegavam de toda parte em nada faziam-no desviar da sua rotina de trabalho, de seus estudos e pesquisas e, principalmente, de sua inabalável modéstia. Nunca procurou chamar a atenção sobre si mesmo; pelo contrário, evitava quanto podia aparecer, sempre desinteressado e até um tanto hostil a qualquer forma de publicidade, tão ao gosto de tantos.

Continuou circulando nos mais altos círculos intelectuais, científicos e políticos do país, como sempre, modestamente vestido, recebendo as homenagens como se elas se dirigissem especificamente ao seu trabalho não a ele, dr. Carver. Quem o visse na rua, sem conhecê-lo, dificilmente poderia imaginar que ali estivesse um dos gênios da época. Era fisicamente desajeitado, magro, ombros caídos, quieto e pensativo – um simples e humilde negro, velho e meio adoentado.

Conclusão

O sol se põe
(para rensacer amanhã)

62

Em 1939, convidado para receber a medalha Roosevelt, em reconhecimento pelos serviços prestados à ciência, ele foi apresentado a duzentos convidados, no Theodore Roosevelt Hotel, em Nova York, com as seguintes palavras:

– Tenho a honra de apresentar, não somente um homem, mas uma existência impregnada pela paixão de expandir e enriquecer a vida do gênero humano... um libertador de pessoas, tanto de brancos quanto de negros; ponte entre duas populações, pela qual as criaturas de boa vontade podem reensinar-se mutuamente e gozar juntamente as oportunidades e potencialidades de sua pátria comum.

Começavam a surgir escolas por toda parte, com seu nome, destacando-se entre elas, honra seja feita, um estabelecimento de ensino para crianças brancas, no sul do país. Até mesmo uma congregação católica do sul resolvera ignorar divergências e rivalidades de crença ou seita para conceder-lhe a honra de ser o primeiro prêmio anual que acabara de instituir para homenagear aquele que mais assinalados serviços houvesse prestado ao sul do país. Nessa mesma época, uma revista escolheu-o como "Homem do Ano".

Em 1941, foi convidado pelo presidente da Universidade de Rochester para comparecer à cerimônia de abertura do ano letivo e, na ocasião, receber o título de *doctor of science*. Na mesma época, com diferença de apenas alguns dias, foi convidado a paraninfar a turma daquele ano, no Simpson College, onde começara a trajetória que o levaria às culminâncias do pensamento científico de sua época.

Seu estado de saúde não lhe permitiria empreender essas viagens, contudo. Por isso, o dr. Allan Valentine, da Universidade de Rochester, tomou uma decisão surpreendente e digna: foi ao Instituto de Tuskegee, onde convocou a reunião especial para homenagear o dr. Carver.

O discurso que o dr. Valentine pronunciou atingiu uma nota de profunda e comovida sinceridade:

– Cientista, educador, benfeitor de seu povo e da América... – disse ele. – Fiel à tradição americana, o senhor fez todos os sacrifícios para obter a melhor instrução possível... O reconhecimento veio lentamente da parte do mundo dos brancos, mas, quando ele chegou, nem o senhor o desprezou, nem se escravizou a ele. Porque o senhor abriu novas oportunidades àqueles americanos que acontece serem negros; porque o senhor demonstrou, mais uma vez, que não exista a barreira da cor para a capacidade humana, porque o senhor ajudou milhares de pessoas a adquirirem nova confiança (...) confiro-lhe o grau de doutor em ciência, *honoris causa* e, em reconhecimento disto, entrego-lhe este diploma e peço que o manto correspondente a esse título, com as cores da universidade, seja colocado sobre seus ombros.

63

Em janeiro de 1942, outra homenagem significativa lhe foi prestada, pela Fundação Thomas A. Edison. Ao ensejo, foi reconhecido o dr. Carver como um dos "poucos americanos eminentes no campo da ciência, da arte, da medicina e da educação, que haviam feito uma contribuição real ao bem-estar da humanidade".

Em 1938, impedido pela doença, deixara de visitar a família Carver, seus antigos proprietários, em Diamond Grove, no estado do Missouri. Certamente teria sido recebido com grandes honrarias.

Quatro anos depois, o governador do estado mandou colocar à beira das estradas que passavam por ali algumas placas para mostrar aos motoristas um dos mais importantes locais da região. Diziam assim, as placas: "Local onde nasceu George Washington Carver, famoso cientista negro". A *Britânica* informa que existe hoje na região um parque nacional com o nome do dr. Carver.

Talvez ainda houvesse por ali gente que o conhecera pequeno e se lembrasse do pequeno George, raquítico, quieto, bondoso e simples. Um menino diferente, que cuidava de plantas e tinha certa intimidade com a natureza. Um menino que subira na vida movido pela inquebrantável decisão de estudar, aprender e trabalhar pelo progresso de toda gente.

Em 5 de janeiro de 1943, a anemia desligou seu luminoso espírito do corpo negro e cansado. George Washington Carver 'voltava para casa', uma daquelas muitas mansões de que falou o Cristo.

Muitos se perguntariam que força era aquela que impulsionou o menino pobre, criado sem pai nem mãe, desvinculado de que qualquer laço de família, e o levou ao ponto em que pessoas eminentes reverenciavam nele seu talento e as luminosidades de seu coração generoso. Não seria, por certo, uma força humana, porque de tanto não é capaz o ser isolado em si mesmo. George demonstrou saber disso, soprado pelos lampejos da intuição. Tanto sabia que o seu colóquio era com Deus, ao qual orava a cada momento, nas horas esquecidas em seu laboratório, a Pequena Oficina, para que, aprendendo com o Criador, pudesse ensinar às criaturas, suas irmãs, os segredos que se ocultavam na intimidade da criação. O gigantesco trabalho realizado no plano físico foi do doutor, mas ficaram nele as impressões digitais de Deus, como testemunho de um pequeno segredo entre eles.

Suas descobertas, jamais protegidas por patentes e direitos de exclusividade, tornaram-se patrimônio da espécie humana, como um todo, sem excluir nenhuma delas, e se incorporaram para sempre à herança cultural de todos, serviram de pontos de apoio para outros projetos de desenvolvimento econômico e social. Por isso, milhões de seres pelo futuro, gente sem conta que nem saberá que o dr. Carver existiu, estaria desfrutando de suas criações. Delas não tirou o eminente cientista nenhum proveito pessoal a não ser a íntima satisfação, profunda e estimulante, do dever cumprido, da missão desempenhada a contento.

Eis por que, meu leitor eventual, a elaboração das linhas finais deste escrito tanto mexeram com emoções que não sei como conter ou explicar – e nem me esforço por fazê-lo –, estou apenas colocando o meu nome obscuro e irrelevante na lista dos que admiram e respeitam o eminente e generoso cientista.

É que vivemos uma época de escassos heróis e nós precisamos deles para ver como é a grandeza, especialmente a maior delas, a da humildade. Estimulados pelos onipresentes e quase onipotentes meios de comunicação, às vezes pensamos identificá-los aqui e ali, em gente, como em personagens de ficção. Mas esses são heróis efêmeros e, alguns, até equivocados, como notórios criminosos. Por um breve momento, ocupam a volúvel atenção das massas, e logo se apagam, de volta às suas exatas dimensões pequeninas. Não passam de figuras construídas pela fama, uma espécie de produto da mídia, não heróis de verdade, como o dr. George Washington Carver, que não cortejou a fama, não buscou a glória e jamais cogitou de passar por herói. Na verdade, herói verdadeiro é aquele que nem percebe que o é. O dr. Carver quis apenas viver o sonho bom de servir à sua gente e ao seu tempo, convicto de que, ao enviá-lo para a vida, Deus tinha planos a respeito dele. Tinha mesmo. Como os tem para qualquer um de nós, de vez que nada faz Ele que não tenha algum propósito. Que cada um descubra seus caminhos e os siga. Nada mais do que isso nos é pedido.

Esta obra foi impressa, em maio de 2018, pela Assahi Gráfica Editora Ltda., de São Bernardo do Campo, SP. Foram tiradas dez mil cópias, todas em formato fechado de 15,5 x 22,5 cm, com mancha de 11 x 16cm. O texto foi composto em Archer. Capa e miolo por Andrei Polessi.